PROCESSO DISCIPLINAR
E TÉCNICAS CONSENSUAIS
Alternativas práticas para solução de conflitos

2ª edição

Marco Teórico
Editora

A editora Marco Teórico considera a publicação de um livro como a mais nobre forma de intercâmbio cognitivo, associada à oportunidade de expor o resultado da criação intelectual de profissionais das mais diversas áreas. Por isso, concentra esforços para oportunizar, a autores selecionados, o mais amplo acesso ao mercado literário, estimulando ini ciativas e conteúdos que fomentam o desenvolvimento do potencial criativo e promovem a evolução do saber técnico e científico. Tudo isso, com o escopo de disponibilizar à humanidade as conquistas obtidas por aqueles cuja principal ferramenta é o
CONHECIMENTO !.

Adaílton Borges de Oliveira
Etiene Luiza Ferreira Pleti
Ricardo Padovini Pleti Ferreira

PROCESSO DISCIPLINAR E TÉCNICAS CONSENSUAIS

Alternativas práticas para solução de conflitos

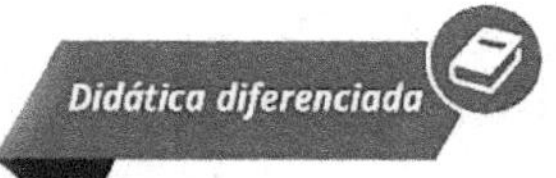

Didática diferenciada

Síntese dos conteúdos

- Modelos de peças práticas
- Estratégias de mediação e conciliação
- Instruções Normativas da CGU
- Legislação anexa para consulta rápida

2ª edição

Marco Teórico
Editora

Processo administrativo disciplinar e técnicas consensuais: alternativas para a solução de Conflitos

<table>
<tr><td>Apoio</td><td>José Luiz de Moura Faleiros Júnior</td></tr>
<tr><td>Concepção</td><td>Adailton Borges de Oliveira
Etiene Luiza Ferreira Pleti
Ricardo Padovini Pleti Ferreira</td></tr>
<tr><td>Elaboração, edição e revisão</td><td>Etiene Luiza Ferreira Pleti</td></tr>
<tr><td>Capa</td><td>José Luiz de Moura Faleiros Júnior</td></tr>
<tr><td>Projeto gráfico e diagramação</td><td>Equipe Marco Teórico</td></tr>
</table>

Editora Marco Teórico

CNPJ/MF nº 41.239.994/0001-80

Avenida dos Ferreiras, 475, casa 631, Uberlândia – MG CEP 38.406-136 www.marcoteorico.com.br

Dados Internacionais de Catalogação na Publicação (CIP)

O48
2023

Processo administrativo disciplinar e técnicas consensuais: alternativas para a solução de Conflitos / Adailton Borges de Oliveira, Etiene Luiza Ferreira Pleti, Ricardo Padovini Pleti Ferreira. 2. ed. Uberlândia: Marco Teórico, 2023.

120 p.

Inclui bibliografia.
ISBN: 978-65-85313-22-3

1. Processo Administrativo Disciplinar. 2. Técnicas Consensuais. 3. Solução de Conflitos. I. OLIVEIRA, Adailton Borges de; II. PLETI, Etiene Luiza Ferreira; III. FERREIRA, Ricardo Padovini Pleti.

CDU: 340/341.9

Catalogação na fonte

GEILSON NUNES

Doutor em Direito e Mestre em Direito pela Universidade de Marília – SP. Professor da UNIMAR e do Curso de Formação de Sargentos e Soldados da PMMG.

HELOISA HELENA DE ALMEIDA PORTUGAL

Doutora em Direito Constitucional pela PUC-SP, Mestre em Direito Negocial pela Universidade Estadual de Londrina. Professora da Universidade Federal do Mato Grosso do Sul - UFMS

KARLOS ALVES BARBOSA

Mestre em Direito Público pela Universidade Federal de Uberlândia. Professor da Universidade Federal de Uberlândia – UFU.

JOÃO VICTOR ROZATTI LONGHI

Pós-Doutor no International Post-doctoral Programme in New Technologies and Law do Mediterranea International Centre for Human Rights Research (MICHR - Università "Mediterranea" di Reggio Calabria), Itália. Pós-Doutor em Direito pela UENP. Doutor em Direito do Estado na Faculdade de Direito da Universidade de São Paulo - USP. Mestre em Direito Civil pela Universidade do Estado do Rio de Janeiro - UERJ. Defensor Público do Estado do Paraná.

LUCIANO SOUTO DIAS

Doutor pela Universidade do Vale do Rio dos Sinos (Unisinos/RS). Mestre em Direito Processual pela Universidade Federal do Espírito Santo (UFES). Mestre em Direito Público pela UPAP. Pós-graduado em Direito Civil e Processual Civil pela Fadivale.

LUIZ CARLOS DE MELO FIGUEIRA

Doutor em Direito Administrativo pela Universidade Federal de Minas Gerais. Professor de Direito Administrativo da Universidade Federal de Uberlândia - UFU.

MARCO AURÉLIO MACHADO DE OLIVEIRA

Doutor em História Social pela Universidade de São Paulo. Professor Titular da Universidade Federal de Mato Grosso do Sul.

MICHEL CANUTO DE SENA

Doutor com ênfase em bullying entre crianças e adolescentes: a questão dos direitos humanos e dos conflitos escolares (UFMS). Mestre com linha de pesquisa na Lei nº 11.196/05 - financiamento de pesquisas pela Universidade Federal de Mato Grosso do Sul – UFMS.

PHILIPE ANATOLE GONÇALVES TOLENTINO

Mestre em Direitos Humanos pela Universidade Federal de Goiás. Advogado e Assessor Jurídico da Defensoria Pública do Estado de Goiás – DPE/GO.

RAFHAELLA CARDOSO

Doutora em Direito Penal pela Faculdade de Direito da Universidade de São Paulo - USP. Mestre em Direito Público pela Universidade Federal de Uberlândia - UFU. Advogada.

ROSIRIS CERIZZE

Mestre em Direito Empresarial pela Faculdade de Direito Milton Campos/MG. Mestre em Tributação Internacional pela Universidade de Lausanne – UNIL, Suíça. Advogada

TALES CALAZA

Mestrando em Direito pela UFMG. Advogado.

TIAGO NUNES

Doutor e Mestre em Direito pela Universidade de Marília-UNIMAR. Professor de Direito Administrativo na Faculdade ESAMC/Uberlândia.

VIVIANE RAMONE TAVARES

Mestranda em Compliance pela AMBRA University. Advogada.

WENDEL DE BRITO LEMOS TEIXEIRA

Mestre em Direito Público pela Universidade Federal de Uberlândia Professor da Pós-graduação de Direito Processual Civil da PUC-MG (Uberlândia). Advogado.

Dedicamos esta obra ao Sr. Pedro Coutinho de Oliveira, pai do advogado Adailton Borges de Oliveira, também autor desta obra. Ao Sr. Pedro que tanto orgulho e reconhecimento tinha pela pessoa e pelo trabalho de seu filho. Embora não esteja mais entre nós, neste planeta terra, temos a firme convicção de que se encontra em lugar especial, ao lado de nosso pai maior. Que a sua luz, o seu sorriso inesquecível, a sua força e otimismos que sempre nos contagiaram, possam nos guiar nas lutas e adversidades do dia a dia.

"Ninguém nasce odiando outra pessoa pela cor de sua pele, por sua origem ou ainda por sua religião. Para odiar, as pessoas precisam aprender, e se podem aprender a odiar, elas podem ser ensinadas a amar."

— Nelson Mandela

Agradecimentos

Inicialmente, agradecemos a Deus por mais esta conquista, por mais esta vitória em nossas vidas. Depois, nossos sinceros agradecimentos a todos professores, amigos e familiares que, de uma forma ou de outra, contribuíram para que esta obra se tornasse realidade.

Os Autores

Nota ao Leitor

O chamado "direito administrativo disciplinar" é o ramo do direito administrativo, que tem como objetivo regular a relação funcional existente entre a Administração Pública e o seu corpo funcional, bem como a de dispor acerca da penalidade, que deverá ser aplicada ao servidor, que cometer determinada conduta descrita como irregular e/ou ilegal pela norma pertinente.

No caso dos servidores públicos federais, "a norma pertinente ou de regência de seus atos" é a Lei 8.112, de 11 de dezembro de 1990", que em seus arts. 116, 117 e 132 descreve, abstratamente, as condutas, que se forem praticadas pelo agente público, no exercício das atribuições do cargo, são consideradas irregularidades administrativas e, consequentemente, sujeitam o infrator ao chamado "processo administrativo disciplinar", que poderá culminar desde uma simples pena de advertência a ser aplicada ao servidor faltoso até a pena de expulsão ou demissão dele dos quadros da Administração Pública.

Para piorar, a depender do tipo de infração cometida pelo servidor, este, segundo regrado na Lei 8.112/90, poderá ficar incompatibilizado para nova investidura em cargo público federal por um período de 05(cinco) anos e naqueles casos mais graves não poderá mais retornar ao serviço público federal. Dessa forma, não é interessante para nenhum servidor público ser parte em um processo administrativo disciplinar, ainda que sua penalidade seja de natureza leve e não implique em sua demissão, já que se ele cometer nova infração, dentro do prazo em que a penalidade esteja inscrita em seus assentamentos funcionais, a antiga pena poderá servir como antecedente funcional e a depender da gravidade da nova infração ele poderá receber, agora, a pena de demissão.

No entanto, existem ferramentas administrativas que poderão ser acionadas e/ou utilizadas tanto pela Administração como pelos demais servidores, que podem evitar a deflagração do árduo e oneroso "processo administrativo disciplinar" e, consequentemente, evitar uma possível demissão do agente público, sem contar que essas ferramentas amenizam o desgaste emocional e psíquico de quem está sendo acusado em um PAD, bem como faz com que a Administração também poupe tempo e dinheiro e ainda consiga, na maioria dos casos, alcançar o interesse público e o espírito da lei. Aludidas ferramentas podem assim ser descritas: Reuniões constantes no recinto da repartição; Alinhamento de Diálogos entre os servidores do setor; Mediação, Conciliação e Termo de Ajustamento de Conduta.

Na presente obra, os autores, de uma forma simples e concisa, irão descrever cada um desses instrumentos, que repre-

sentam nada mais nada menos que uma "evolução e utilização de meios alternativos de composição de conflitos para
evitar, prevenir e dirimir", de uma forma amistosa, uma situação conflituosa verificada no âmbito da Administração
Pública.

Os Autores

Prefácio

Constitui para mim um motivo de sincera satisfação poder apresentar este livro de Adailton Borges de Oliveira, Etiene Luiza Ferreira Pleti e Ricardo Padovini Pleti Ferreira, sobre Processo Administrativo Disciplinar e Técnicas Consensuais – alternativas para solução de conflitos.

Em primeiro lugar, vêm à minha memória as gratas recordações da relação científica e pessoal que mantenho com o Doutor Ricardo Pleti, iniciada durante a prazerosa e frutífera convivência com o mesmo na Universidade Federal de Uberlândia, quando fui seu aluno no curso de MBA Executivo. Não se limitou ao marco estrito das relações acadêmicas, que se seguiram com assiduidade, mas que se aprofundaram ao longo de extensas conversas, motivadas fundamentalmente pelas insaciáveis curiosidades intelectuais do mesmo. Não menos marcantes são as recordações da Doutora Etiene Luiza Ferreira Pleti, egressa da Universidade Federal de Uberlândia, onde se graduou em Direito e se especializou em Direito Empresarial, assumindo a advocacia, com atuação *in company*, no Departamento Jurídico de conceituada rede de televisão do interior de Minas Gerais e, atualmente, em razão do exercício do magistério superior na Uniaraxá e na Faculdade do Trabalho. Por fim, as reminiscências do Doutor Adailton Borges de Oliveira, também integrante da Universidade Federal de Uberlândia, onde preside e coordena a CO-PSIA – Comissão Permanente de Sindicância e Inquérito Administrativo.

Trata-se de obra paradigmática, na qual os autores conseguiram exteriorizar, de maneira simples, clara e objetiva, todos os conhecimentos de que dispõem e que, agora, são lançados ao público.

Empreender estudos sobre o processo administrativo disciplinar e as técnicas consensuais para a solução de conflitos não é tarefa fácil, pois, além da complexidade inerente ao tema, objeto de profundo debate pelos doutrinadores administrativistas[1], e, em particular, pelos processualistas penais[2], – que lhe tem reservado espaço especial, assegurando-lhe

---

1. O tema, aliás, inspirou a dissertação de mestrado do autor Adailton Borges de Oliveira, que se dedicou à investigação do tema em recorte específico quanto ao papel do gestor universitário público. Para maiores detalhes, conferir: OLIVEIRA, Adailton Borges de. *O gestor universitário público*: conduta, tomada de decisão e mediação de conflitos. Uberlândia: Navegando, 2017.

2. Ver, a título contextual, o trabalho laureado com a XI Edição do Prêmio Innovare: COSTA, Cloves Rodrigues da. *Mediação penal*: pacificação social com celeridade e economia processual. Edição XI. São Paulo: Instituto Innovare, 2014. Ademais, para aprofundamento, conferir: FREIRE, Cylviane Maria Cavalcante de Brito Pinheiro. Medidas alternativas ao processo penal: a mediação como meio extrajudicial de gerenciamento de conflitos penais na fase pré-processual. *Revista Justiça do Direito*. Passo Fundo, v. 32, n. 3, p. 642-670, set./dez. 2018; CAMPANÁRIO, Micaela Susana Nóbrega de Abreu. Mediação penal: inserção de meios alternativos de resolução de conflito. *Revista Civitas*. Porto Alegre, v. 13, n. 1, p. 118-135, jan./abr. 2013.

inegável desenvolvimento –, é preciso lembrar que é atualíssima a incorporação, à dogmática jurídica brasileira, dos métodos alternativos, tais como a negociação, a mediação e a conciliação, no âmbito administrativo.

Referidas técnicas ganharam mais realce dogmático a partir da vigência do Código de Processual Civil, em vigor desde 18 de março de 2016, que implementou as vias heterocompositivas (Conciliações e Mediações Judiciais) ou autocompositivas (Extrajudiciais), embora já se encontrassem regulamentadas por meio da Lei nº 13.140, de 26 de junho de 2015, que, além de outras matérias, dispôs "sobre a mediação entre particulares como meio de solução de controvérsias e sobre a autocomposição de conflitos no âmbito da administração pública"[3].

A ideia é, como registra José Faleiros Júnior, propiciar a "transição de uma viciosa relação de supremacia para uma valorosa relação de ponderação"[4], que se coaduna com o pro-

---

3. O capítulo II, seção II, da lei é dedicado exclusivamente à mediação realizada pela Administração Pública (artigos 35 a 40). Sobre o tema, comentando detalhadamente o primeiro dispositivo a tratar do tema no contexto normativo, tem-se: LESSA NETO, João Luiz. Comentários ao art. 35. *In:* CABRAL, Trícia Navarro Xavier; CURY, Cesar Felipe (Coords.). *Lei de mediação comentada artigo por artigo.* 2. ed. Indaiatuba: Foco, 2019.

4. FALEIROS JÚNIOR, José Luiz de Moura. A Administração Pública consensual: novo paradigma de participação dos cidadãos na formação das decisões estatais. *Revista Digital de Direito Administrativo,* Ribeirão Preto, v. 4, n. 2, p. 69-90, jul./dez. 2017, p. 85.

pósito dos autores de indicar a existência de ferramentas administrativas adequadas[5] e que podem ser acionadas e/ou utilizadas tanto pela Administração, quanto pelos demais servidores, de modo a evitar a deflagração do árduo e oneroso processo administrativo disciplinar. Essa é a situação-problema proposta nessa obra: existem instrumentos capazes de permitir uma evolução dos mecanismos alternativos para evitar, prevenir e dirimir, amistosamente, conflitos no âmbito da Administração Pública?

Se o tema, em si, não é novo[6], pode-se ressaltar que a proposta apresentada pelos autores apresenta contornos inovadores, colhidos da descrição profunda e densa sobre cada um dos instrumentos que representam, nada mais, nada menos, que uma valiosíssima "evolução e utilização de meios alternativos para evitar, prevenir e dirimir", de uma forma amistosa, uma situação de conflito verificada no âmbito da Administração Pública.

É certo que a doutrina já cogita, até mesmo, da utilização de novas tecnologias para a resolução de disputas por meios

---

5. A mediação é certamente uma delas, como se colhe da doutrina de Adolfo Braga Neto: BRAGA NETO, Adolfo. Alguns aspectos relevantes sobre a mediação de conflitos. In: GRINOVER, Ada Pellegrini; WATANABE, Kazuo; LAGRASTA NETO, Caetano. *Mediação e gerenciamento do processo*. São Paulo: Atlas, 2007, *passim*.
6. Em estudo abrangente, Braga Neto aduz que já há mais de duas décadas vêm florescendo os debates em torno da mediação no Brasil. Para mais: BRAGA NETO, Adolfo. *Mediação*: uma experiência brasileira. 2. ed. São Paulo: CLA Cultural, 2019.

alternativos – as Online Dispute Resolutions, ou ODRs[7] – e o desafio está justamente na propagação de uma cultura de solução e prevenção de conflitos, que substitua, nos dizeres de Faleiros Júnior, " o 'sujeito cartesiano', aqui representado na figura do árbitro ou mediador, e detentor de poder comunicacional haurido por suas experiências e vivências, [para que seja] potencializado pelo 'sujeito transcendental'" [8].

Se ainda é cedo para cogitar do implemento difuso de novas tecnologias às rotinas e afazeres de Estado[9], a propagação de uma cultura baseada na solução pacífica de conflitos não

---

7. KATSH, M. Ethan; RABINOVICH-EINY, Orna. *Digital justice*: technology and the internet of disputes. Oxford: Oxford University Press, 2017, p. 165-166.

8. FALEIROS JÚNIOR, José Luiz de Moura. *Administração Pública digital*: proposições para o aperfeiçoamento do Regime Jurídico Administrativo na sociedade da informação. Indaiatuba: Foco, 2020, p. 195. Acrescenta: "Na medida em que a tecnologia e o poder comunicacional ganham espaço e novos métodos são utilizados para a previsão de resultados, a delimitação de problemas, a especificação de propostas e, ao fim e ao cabo, a solução de conflitos, a arbitragem e a mediação ganham novos contornos. O 'sujeito cartesiano', aqui representado na figura do árbitro ou mediador, e detentor de poder comunicacional haurido por suas experiências e vivências, é potencializado pelo 'sujeito transcendental' descrito por Castanheira Neves, e que aqui se faz presente pela interação com a máquina."

9. CASTANHEIRA NEVES, António. Uma perspectiva de consideração da comunicação e o poder – ou a inelutável decadência eufórica... Notas de um esboço de reflexão. In: MONTEIRO, António Pinto (Coord.). *Estudos de direito da comunicação*. Coimbra: Universidade de Coimbra, 1992, p. 95-96.

o é. Por essa razão, pode-se dizer que "há um conflito inerente à vida, presente nos organismos, por meio do qual a evolução se processa, pois todos os organismos vivos buscam o que se denomina 'homeostase dinâmica' uma tendência a manter seu estado e, simultaneamente, cumprir o ciclo vital de sua evolução, a exemplo do nascimento de uma criança"[10]. Os autores, nos três capítulos deste livro, propõem novas formas para a solução de conflitos por meio de moderno sistema persecutório administrativo – eis o chanfro inovador no qual o complexo e atualíssimo tema é apresentado.

No primeiro capítulo, intitulado "Noções de processo administrativo disciplinar", os autores realizam uma breve análise conceitual dos chamados PADs, evidenciando os princípios que lhe são aplicáveis, destacando-se sua orientação aos condutores e às partes envolvidas. O capítulo ainda destaca as fases do PAD, culminando com a menção às penalidades aplicáveis aos servidores públicos.

O segundo capítulo é intitulado "Ferramentas que podem evitar a deflagração de um processo administrativo disciplinar". Nesta seção do trabalho, os autores buscam elucidar algumas alternativas impeditivas à instauração do PAD, denotando as necessárias comunicações e reuniões com os membros da equipe, enfim, os diálogos, a conciliação, a mediação e os Termos de Ajustamento de Condutas e Circunstanciado de Autuação.

---

10. SAMPAIO, Lia Regina Castaldi; BRAGA NETO, Adolfo. *O que é mediação de conflitos*. São Paulo: Brasiliense, 2010, p. 27.

No terceiro capítulo, denominado "Modelos de atas de reuniões, de termos de conciliação, mediação, TCA e TAC", os autores viabilizam e facilitam os meios de instauração e condução do procedimento administrativo, expondo vários formulários preconcebidos que servirão de parâmetro para composição da peça processual, revelando-se, aqui, também a finalidade prática da obra, que será de grande valia àqueles que lidam com a mediação em suas carreiras.

Por derradeiro, em suas considerações finais, Adailton Borges de Oliveira, Etiene Luiza Ferreira Pleti e Ricardo Padovini Pleti Ferreira, asseveram que "a obra pretendeu trazer à baila a 'teoria e prática do PAD', nem sempre tão clara e entendida por agentes públicos e, quiçá, pela sociedade, de uma forma simples e inteligível, o que, inclusive, poderá servir de manual e consulta para comissões disciplinares em todo o território nacional".

Esta obra clarifica os meios e instrumentos para arrostar os desafios que demandam tempo e exigem mudança de postura e engajamento para pluralização de novas formas de gestão e resolução de conflitos observada a necessária pacificação social ante os novos paradigmas do Estado Democrático de Direito e a dignidade humana.

Belo Horizonte, agosto de 2020.

José Luiz de Moura Faleiros
Desembargador Substituto no Tribunal de Justiça do Estado de Minas Gerais. Professor de Direito Penal e Direito Processual Penal. Especialista em Direito Penal e Direito Processual Penal, e MBA Executivo, pela UFU – Universidade Federal de Uberlândia, e Direito Processual Civil, pela Faculdade de Direito Prof. Damásio de Jesus, São Paulo.

Apresentação

De início, destaco que a obra - Processo Administrativo Disciplinar e Técnicas Consensuais: alternativas para solução de conflitos -, cumpre a relevante função de reunir conhecimento acadêmico alinhado à prática, ambos vivenciados por seus autores.

Não é tarefa simples falar de conflitos no ambiente de trabalho, maior ainda, quando o ambiente é o setor público. Na prática, os gestores públicos, como já observam os autores, não tem preparo para assumir as funções de liderança e, quando revestidos desta responsabilidade, desconhecem que o principal problema que enfrentam no desempenho de suas funções é gerenciar os conflitos entre seus subordinados no ambiente da repartição.

Na esfera federal, a lei nº 8.112/1990 – Estatuto dos Servidores Públicos impõe aos gestores a apuração imediata de responsabilidades decorrentes de práticas desabonadoras que são atribuídas aos servidores quando no desempenho de suas funções públicas e, calcados nesta norma, os gestores vislumbram a abertura, muitas vezes desproporcional, de processos disciplinares para apuração dos fatos e, consequentemente, a imputação de uma penalidade ao suposto servidor infrator.

Por medo ou desconhecimento das possibilidades mitigadoras de conflitos, a abertura de processos se sobrepõe às demais alternativas de resolução consensual da desarmonia, talvez para preservar a indisposição do gestor frente aos seus subordinados, delegando a terceiros – comissão disciplinar - , a árdua tarefa de resolver o "problema" que, na maioria das vezes, deveria ser por ele desempenhada, por meio de outros instrumentos.

Todavia, muitos podem questionar: Quais alternativas possuem os gestores públicos para a adequação de condutas desabonadoras praticadas por agentes públicos sem incorrer em prevaricação?[1]

Essa é uma das muitas contribuições deste livro, quando analisa e apresenta, com maestria, as possibilidades de resolução de conflitos, por meio de instrumentos simplificadores que, certamente, poderão auxiliar os gestores na condução desta tarefa, resgatando, dessa forma, o poder hierárquico frente ao sancionador.

Na seara correcional, a lei impõe ao gestor público a apuração imediata da conduta inapropriada, porém, isso não significa apuração precipitada. É certo que os instrumentos simplificadores de resolução de conflitos são uma realidade no campo judicial, contudo, no âmbito administrativo-disciplinar, ainda carecem de estudos e avaliação prática, e é essa a essência desta obra. Desmistificar as práticas correcionais, amplamente balizadas em processos, para uma prática mais atualizada e baseada na efetividade e eficiência, por meio de

---

1. Prevaricação é tipificado como crime praticado por funcionário público, contra a Administração e consiste em retardar, deixar de praticar ou praticar indevidamente ato de ofício quando, por lei, deveria fazê-lo. (art. 319, Decreto-lei nº 2.848, de 07 dez. 1940).

instrumentos simplificadores de resolução dos conflitos. Neste aspecto, a obra vai além. É inovadora!

Os autores apresentam, nos capítulos segundo e terceiro, as "ferramentas" – reuniões, promoção do diálogo, saber ouvir, mediação, conciliação -, além de "modelos práticos" – termo de ajustamento de conduta, termo de conciliação, termo de mediação, entre outros, que são técnicas oportunas ao saneamento do conflito, preservando, tanto a forma quanto a legalidade.

Não apenas os gestores públicos se sentirão confortáveis em saber da existência de alternativas viáveis e efetivas para garantir o cumprimento da legislação quando o assunto é apuração de condutas. Servidores envolvidos em análise correicional – juízo de admissibilidade -, bem como, àqueles que atuam em comissões disciplinares poderão se utilizar dos ensinamentos deste livro, para sugerir tais medidas mitigadoras em suas análises conclusivas das demandas disciplinares.

A obra, que alinha a técnica à prática possui uma linguagem simples, clara e direta, propiciando ao público em geral, pouco familiarizado com o direito administrativo disciplinar, uma prazerosa e satisfatória leitura.

Uberlândia, 22 de agosto de 2020.

MARCELO ALDAIR DE SOUZA

Servidor Público Federal, cargo de auditor. Lotado no Núcleo de Ações Correcionais da Controladoria Geral da União, atuando em diversas comissões disciplinares. Foi Corregedor e Diretor de Gestão de Pessoas no Instituto Federal Catarinense. Formado em Ciências Econômicas pela Universidade Federal de Santa Catarina, possui especialização em Gestão Pública e Mestrado em Administração na mesma instituição.

Sumário

XXX

Introdução

A presente obra tem como tema principal discorrer acerca do chamado "processo administrativo disciplinar (PAD)", contudo com ênfase para técnicas consensuais de composição de conflitos, que podem ser utilizadas, ainda quando o PAD está prestes a ser instaurado e que também podem muito ser úteis quando o procedimento disciplinar já foi deflagrado pela Administração Pública.

Dessa forma, o objetivo principal aqui perseguido resume-se em fornecer, notadamente aos responsáveis pela abertura de um processo administrativo disciplinar, no âmbito das esferas federal, estadual e municipal, ferramentas úteis de trabalho capazes de promover a consensualidade entre as partes litigantes na esfera administrativa.

Como consequência, ter-se-á um processo menos moroso, viável e eficaz, tendo em vista que, em muitas ocasiões, a depender dos fatos que ensejaram a denúncia ou representação administrativa, uma simples conversa com o agente infrator pode fazer com que a Administração alcance o interesse público e o espírito da lei. E o melhor: todos saem ganhando, tanto Administração, como o agente público que aparece como parte investigada em um PAD, como toda a sociedade.

Não se está aqui querendo banalizar as sanções administrativas, tampouco o Direito Administrativo Disciplinar Sancionador, que deve continuar existindo, haja vista que se vislumbram situações em que somente, por meio da aplicação de uma pena justa e exemplar, é que a Administração consegue impor a consensualidade e a harmonia no âmbito da unidade administrativa, que foi o palco utilizado pelo agente infrator para o cometimento da irregularidade.

Ainda não se deseja estabelecer uma afronta com o chamado "princípio legalidade", que na esfera administrativa significa fazer ou deixar de fazer somente o que se encontra descrito na norma de regência.

O que se pretende neste espaço é demonstrar que, por vários anos e longas décadas, a aplicação literal da norma administrativa, imperativa e unilateral, não tem levado a resolução de conflitos de forma eficiente. Ao revés, são vistas pelos servidores apenados, pelos demais agentes públicos e por toda a sociedade como decisões que, embora se revistam, em algumas hipóteses, de severidade e rigor, acabam por deflagrar ainda mais conflitos na repartição, como entre as pessoas que ali laboram. Isto, tendo em vista que, em certos processos disciplinares, aqueles contra os quais é instaurado o procedimento disciplinar, não têm a oportunidade, tampouco lhes é oferecido e/ou permitido, resolver a controvérsia ali deflagrada de forma consensual e harmoniosa, pois a "legalidade estrita" é que é considerada.

O lado autoritário da Administração Pública, notadamente ao punir seus agentes, não mais se coaduna com a evolução do nosso próprio ordenamento jurídico pátrio. Tanto é certo, que o próprio "Estatuto da Criança e do Adolescente" (BRASIL, 1990), em seu art. 211, dispõe que:

> [...]Os órgãos públicos legitimados poderão tomar dos interessados compromisso de ajustamento de sua conduta às exigências legais, o qual terá eficácia de título executivo extrajudicial[...]

Ainda exemplificando, tem-se a Lei 7.347, de 24 de julho de 1985 (Lei da Ação Civil Pública) (BRASIL, 1985) que foi alterada pela Lei 8.078, de 11 de setembro de 1990 (Código de Defesa do Consumidor) (BRASIL, 1990), que em seu art. 5.º, §6.º, dispõe que:

> [...] Os órgãos públicos legitimados poderão tomar dos interessados compromisso de ajustamento de sua conduta às exigências legais, mediante cominações, que terá eficácia de título executivo extrajudicial[...]

Por derradeiro, o novo Código de Processo Civil (BRASIL, 2015) traz como grande inovação em nosso ordenamento jurídico a proteção a assunção de compromissos firmados pelas partes em procedimentos de arbitragem, conciliação e mediação, o que se dá por meio da segurança jurídica dos títulos extrajudiciais. Pretende-se, com isso, evitar as demandas longas e caras experimentadas pelos litigantes e pelo próprio Estado-Juiz. Vejamos:

> [...]

Art. 3º Não se excluirá da apreciação jurisdicional ameaça ou lesão a direito.

§ 1º É permitida a arbitragem, na forma da lei.

§ 2º O Estado promoverá, sempre que possível, a solução consensual dos conflitos.

§ 3º A conciliação, a mediação e outros métodos de solução consensual de conflitos deverão ser estimulados por juízes, advogados, defensores públicos e membros do Ministério Público, inclusive no curso do processo judicial.

Art. 4º As partes têm o direito de obter em prazo razoável a solução integral do mérito, incluída a atividade satisfativa.

Art. 5º Aquele que de qualquer forma participa do processo deve comportar-se de acordo com a boa-fé.

Art. 6º Todos os sujeitos do processo devem cooperar entre si para que se obtenha, em tempo razoável, decisão de mérito justa e efetiva.

[...]

Diante das inovações supra, os acordos de consensualidade passam a ganhar importância e relevância na esfera administrativa, a exemplo da Lei 13.140, de 26 de junho de 2015 (BRASIL, 2015), que dispõe acerca da autocomposição de conflitos no âmbito da Administração Pública; o TAC (Termo de ajustamento de Conduta), regulamentado pela Instrução Normativa n.º 04, de 21 de fevereiro de 2020 (DISTRITO FEDERAL, 2020), da lavra da Controladoria Geral da União, que disciplina a celebração do Termo de Ajustamento de Conduta, no âmbito do Poder Executivo Federal e o TCA (Termo Circunstanciado de Autuação), regulamentado pela Instrução Normativa n.º 04, de 17 de fevereiro de 2009.

Esse TCA, em obediência aos princípios da eficiência e do interesse público por meio da racionalização dos procedimentos administrativos e considerando a necessidade de desburocratizar a Administração Pública por meio da eliminação de controles cujo custo de implementação seja manifestamente desproporcional em relação ao benefício, resolve que, em caso de extravio ou dano a bem público, que implicar em prejuízo de pequeno valor, poderá a apuração do fato ser realizada por intermédio de Termo Circunstanciado Administrativo (TCA).

O Termo de Ajustamento de Conduta consiste em um procedimento administrativo voltado à resolução consensual de conflitos a ser deflagrado nos casos de infração disciplinar de menor potencial ofensivo. Segundo disposto no §2.º da Instrução Normativa n.º 04, de 21 de fevereiro de 2020, da lavra da Controladoria Geral da União (DISTRITO FEDERAL, 2020) "considera-se infração disciplinar de menor potencial ofensivo a conduta punível com advertência ou suspensão de até 30 dias nos termos do artigo 129 da Lei 8.112, de 11 de dezembro de 1990 (BRASIL, 1990), ou com penalidade similar, prevista em lei ou regulamento interno. No que se refere a utilização, pela Administração Pública, de meios consensuais de resolução de conflitos, eis o que perfaz a doutrina:

> [...]O problema a ser enfrentado, agora, diz respeito à tipicidade formal de determinados ilícitos (formalmente proibidos pelo Direito Administrativo Sancionador) que, todavia, não se mostram materialmente lesivos a valores e princípios reagentes da Administração Pública

> lato sensu ou mesmo da ordem social, não se justifi-
> cando, nessas hipóteses, o desencadear de investigação,
> processo, ação criminal ou ação civil pública, permi-
> tindo-se os acordos e enfatizando a importância, se for
> o caso, do ressarcimento ao erário ou às partes lesa-
> das[...]Cuida-se, em verdade, além da questão moral
> sempre subjacente às decisões jurídicas, de aquilatar os
> custos de um processo, de uma investigação e de toda
> uma carga punitiva, que pode recair mais sobre a socie-
> dade, a vítima, do que sobre o próprio infrator.
>
> [...]
>
> Some-se à concepção material do tipo sancionador a
> ideia de desafogar a máquina pública, elegendo priori-
> dades relevantes, após a observância de fundamentados
> cálculos de relação custo-benefício entre processo/in-
> vestigação e sociedade beneficiária da proteção puni-
> tiva. É certo que semelhante raciocínio foge à cultura
> tradicional de nosso modelo punitivo, arraigado no im-
> pério abstrato e rígido da lei, na perspectiva *Civil Law*,
> em que às autoridades julgadoras sempre se reservou
> um papel coadjuvante no palco da produção do direito.
> (OSÓRIO, 2015, p. 210-216).

Além dos instrumentos supra, pode-se, igualmente, acrescentar outra ferramenta que também se mostra eficaz para que o consensualismo administrativo seja atingido na esfera pública administrativa, a saber: o alinhamento de diálogos entre os membros da equipe. Tema este, que será melhor explorado ao longo desta obra, com a intenção de demonstrar que muitos conflitos exsurgem no seio das repartições, tendo em vista as "falhas e ruídos de comunicação" entre os próprios integrantes do setor. Dentre essas falhas temos "o despreparo" de gestores para ocupar cargos de chefia, gerência e assessoramento.

Outro ponto considerado neste trabalho e vislumbrado como sendo uma excelente ferramenta para evitar-se conflitos e, consequentemente, a deflagração de um PAD, é o hábito de reuniões constantes com os membros da equipe.

O hábito da reunião com os colaboradores da organização é uma oportunidade para que não só experiências e conhecimentos teóricos sejam suscitados, mas também um momento para que frustrações, desejos e sugestões de mudança possam ser colocadas apresentadas e discutidas.

As opiniões colhidas das pessoas presentes em uma reunião faz com que seja possível detectar as origens do conflito e ainda traçar diretrizes, que direcionem todos rumo a uma solução, que satisfaça as pretensões dos interessados.

Dessa forma, no "CAPÍTULO I" desta obra optou-se, em um primeiro momento, por discorrer acerca do que vem a ser o chamado "Processo Administrativo Disciplinar", dando ênfase, principalmente, para a sua conceituação, sua natureza jurídica, seu campo de exteriorização, os princípios administrativos e constitucionais que o regem, suas fases e principais penalidades aplicadas ao agente, que infringir a norma de caráter público.

Já no "CAPÍTULO II", agora já com um conhecimento mais acurado acerca do que vem a ser o PAD, parte-se para a descrição e conceituação das ferramentas administrativas, que se revelam, na verdade, em técnicas consensuais e alternativas práticas para a solução de conflitos no âmbito da administração pública, a exemplo da conciliação, da mediação, do TAC, do alinhamento de diálogos e das reuniões no seio da repartição.

No "CAPÍTULO III" da presente obra são apresentados "modelos práticos", que poderão ser utilizados tanto por gestores públicos, como por servidores da instituição e membros que compõem comissões de PAD, para que possam visualizar como o conhecimento adquirido até o momento se exterioriza no mundo fático.

Ato contínuo, tem-se a apresentação das considerações finais, enfatizando que as técnicas e ferramentas apresentadas ao longo da obra demonstram que é possível a autocomposição de conflitos no seio da Administração Pública, além de representar uma evolução do próprio "Direito Administrativo Sancionador".

Por outro lado, ainda contribui, sobremaneira e comprovadamente, para uma considerável economia aos cofres públicos. Além, é claro, de promover decisões mais justas, notadamente em situações de fato, onde se tem práticas/condutas de menor potencial de lesividade para a Administração e para a própria sociedade.

Capítulo 1

Noções de Processo Administrativo Disciplinar

1.1 Conceito

Antes de partir-se para a definição do que vem a ser "processo administrativo disciplinar" é oportuno dizer que este faz parte do chamado "direito administrativo disciplinar", que é o ramo do direito administrativo que tem como objetivo regulamentar a relação funcional existente entre a Administração Pública e seu corpo funcional, ou seja, o conjunto de servidores e/ou agentes públicos, que compõem os quadros de colaboradores da Administração e externam sua vontade por meio dos chamados atos administrativos[1].

---

1. Atos administrativos são manifestações unilaterais, que são feitas, cotidianamente, pelos chamados agentes e/ou servidores públicos, que

Poder disciplinar consiste na possibilidade de a Administração Pública apurar infrações e aplicar penalidades aos servidores públicos e demais pessoas sujeitas à disciplina administrativa. Ressalte-se que não estão abrangidas pelo poder disciplinar as sanções administrativas impostas a particulares, pois esses não estão sujeitos à disciplina interna da Administração. Nessa hipótese, o fundamento para aplicação de sanções administrativas aos particulares será o poder de polícia, que poderá impor restrições aos direitos individuais. O poder disciplinar é atribuído a autoridades administrativas e tem por finalidade a apuração e punição das faltas funcionais dos servidores públicos [...]. No uso do poder disciplinar, a Administração controla o desempenho das funções executivas e a conduta interna de seus servidores, responsabilizando-os pelas faltas cometidas[...] (MORAES, p. 95-96).

E como se dá este controle, por parte da Administração Pública, voltado a preservar a disciplina e a regularidade do serviço público? Ela ocorre por meio de "deveres e proibições", que são criados pela Administração Pública e consignados na Lei de Regência do órgão ou instituição. Como consequência da não observação dos mencionados "deveres e proibições" tem-se a aplicação de penalidades aos sujeitos infratores da norma.

---

representam a Administração Pública em todos os aspectos a que ela se propõe fazer, notadamente, no que diz respeito a salvaguardar o interesse da coletividade, indo em busca, como regra, ao chamado interesse público. São requisitos dos atos administrativos: a) competência; b) finalidade; c) motivo; d) objeto.

O objeto do ato disciplinar é a pena administrativamente imposta[..]O motivo do ato punitivo são as razões de fato e de direito que ensejam a aplicação da sanção disciplinar. É a falta, a transgressão cometida pelo funcionário[...]A forma é o elemento exteriorizador do ato. Deve sempre ser escrito, exceto quando se trate de pena de advertência verbal, quando admitida pelo regime disciplinar respectivo[...]Por último, tem-se o quinto requisito do ato disciplinar, qual seja, a finalidade. Este elemento é sempre vinculado, pois não se estende como válido um ato punitivo que não tenha sido editado com a finalidade de preservar a disciplina e a regularidade do serviço público[...]. (COSTA, p. 101-102).

No caso da Lei 8.112/90[2] (BRASIL, 1990), que é o diploma legal dos servidores públicos civis federais, os deveres e proibições a que todo servidor público federal não pode se olvidar de observar se encontram dispostos nos artigos 116 e 117 da mencionada Lei. Já no artigo 132 do aludido diploma legal se encontram descritas as infrações disciplinares que, se porventura praticadas pelo agente público, poderá sujeita-lo a uma penalidade de expulsão, ou seja, redundar em sua demissão[3].

---

2. Esta Lei é o estatuto dos servidores públicos civis da União, das autarquias, inclusive as em regime especial, e das fundações públicas federais. O que implica em dizer que ela não se aplica aos militares.
3. A depender da infração administrativa praticada, pelo agente público, este poderá ficar incompatibilizado para nova investidura em cargo público federal, pelo prazo de 05 (cinco) anos ou, a depender da gravidade da infração, não poderá mais retornar ao serviço público. É o que reza o art. 137 e seu parágrafo único da Lei 8.112/90.

E o que ocorre quando o agente público comete uma irregularidade administrativa? Neste momento, ao tomar ciência da irregularidade, deve a autoridade competente do órgão, proceder a instauração de procedimento administrativo próprio para proceder a apuração, no caso, o denominado "o processo administrativo disciplinar", que é a ferramenta legal de que dispõe a Administração Pública para apurar irregularidades cometidas por agentes públicos no exercício das atribuições do cargo ou a pretexto de exercê-las.

Verifica-se que como ocorre na seara federal, igualmente no âmbito estadual e municipal, estas apurações de infrações administrativas se dão por meio da instauração de processo administrativo disciplinar.

1.2 Princípios aplicáveis ao PAD

Princípios são premissas básicas que servem de base para um determinado raciocínio, para um estudo que levará a uma conclusão. São valores, que servem de parâmetro para condicionar certo tipo de comportamento e conduta, que se espera de alguém ou de algum segmento da sociedade, v.g., objetivando alcançar determinar resultado, que corresponda às expectativas ali plantadas.

No caso do processo administrativo disciplinar existem determinadas regras processuais que, obrigatoriamente, devem ser observadas. A Administração Pública, ao decidir pela instauração de um procedimento disciplinar, deve envidar esforços, do início ao fim, para que o interesse público e o espírito da lei restem alcançados e salvaguardados.

A Constituição Federal, já em seu artigo 37, caput, descreve alguns dos principais princípios a serem observados, por todo agente público, notadamente quando no exercício das atribuições do cargo. São eles os princípios da legalidade, impessoalidade, moralidade, publicidade e eficiência.

Some-se aos princípios supra outros, que se encontram consignados na Constituição Federal de 1988 (BRASIL, 1988) e na Lei 9.784, de 29 de janeiro de 1999 (BRASIL, 1999), como o princípio do devido processo legal, princípio do contraditório e da ampla defesa, princípio do informalismo moderado, princípio da verdade real, princípio da presunção de inocência ou não culpabilidade, princípio da motivação, princípio da segurança jurídica, princípios da razoabilidade e proporcionalidade e princípio da supremacia do interesse público sobre o particular.

Os mencionados princípios servem como orientação para aqueles que compõem as comissões de PAD, como para os que são partes nele, a exemplo dos acusados.

Passa-se a detalhar cada um deles, de forma sucinta, para melhor entendimento dos leitores:

1.2.1 Princípio da legalidade

Por esse princípio o servidor e/ou agente público tem seu atuar totalmente condicionado ao que se encontra descrito na Lei. Ou seja, ele somente pode praticar determinada conduta ou deixar de praticá-la se assim estiver regrado na (s) norma(s) descrita no texto legal.

No caso dos servidores públicos federais existe um aparato de normas que dispõem acerca da maneira como o agente público deve atuar, a exemplo das Leis 8.112/90 (BRASIL, 1990), 9.784/99 (BRASIL, 1999), 8.666/93 (BRASIL, 1993), e 12.813/13 (BRASIL, 2013), dentre outras, que são diplomas legais a serem observados, atentamente, pelo agente público, notadamente quando ele se encontrar no exercício das atribuições do cargo ou da função pública.

Ao contrário da "legalidade privada" em que se é permitido fazer tudo aquilo que não se encontra proibido pela norma, na esfera pública até "as permissões", podendo-se assim dizer, têm que estar previstas no diploma legal pertinente.

O princípio da legalidade pública também implica em dizer que todos os atos administrativos, sejam de natureza vinculada ou discricionária, praticados pelos agentes públicos, têm que ser justificados. A justificativa aqui sempre será embasada em consonância com o que o dispõe o diploma legal pertinente. Na esfera pública, a "vontade particular" do agente assume um status de segundo plano, pois, o que prevalece é o interesse público, que é indisponível.[4]

---

4. Importante salientar que quando se fala em "interesse público", este subdivide-se em interesse público primário e interesse público secundário. O primeiro são os interesses do povo, da própria coletividade. Já os secundários são interesses imediatos do próprio Estado na qualidade de pessoa jurídica, titular de direitos e obrigações.

1.2.2 Princípio da Impessoalidade

Por este princípio, o agente público é obrigado a fazer com que o interesse público se sobreponha ao seu interesse particular. Tanto é certo, que ele não pode se valer do cargo e/ou função que ocupa para lograr proveito pessoal a seu favor ou para ajudar outrem a auferir determinada vantagem no âmbito da Administração Pública.

Evidentemente, que existem situações "muito especiais" em que o interesse público pode vir a ser mitigado, porém esta não é regra. É o caso, por exemplo, quando nos deparamos com direitos fundamentais em confronto com o denominado interesse público. Como exemplo da situação acima, pode-se citar o caso de uma servidora pública, que ocupa um cargo comissionado sem ser concursada. Prestes a dar à luz é desligada do cargo. Embora todo cargo comissionado possa ser retirado do agente a qualquer tempo e sem que para isso a Administração tenha que expor as razões de seu ato(são os chamados cargos demissíveis *ad nutum*.[5]) no caso do exemplo citado, salvo melhor juízo, entende-se que deve prevalecer o direito fundamental de estabilidade no emprego a que toda gestante faz jus, cf. disposto no art.7.º, inciso XVIII, da Constituição da República Federativa do Brasil (BRASIL, 1988).

---

5. A expressão *ad nutum* refere-se ao ato que é revogável pela vontade de uma só das partes. Aquele ato que é resolvido em juízo exclusivo da autoridade administrativa competente (diz-se de demissibilidade de funcionário público não estável).

1.2.3 Princípio da moralidade

Quando se fala em "moralidade administrativa", esta não deve ser entendida a partir do conceito que se tem da denominada "moral comum".

Quando se fala em "moralidade" alguns pensamentos como honestidade, transparência, hombridade, retidão de caráter, etc. exsurgem em nossas mentes e não se excluem da chamada "moralidade administrativa".

Ocorre que a "moralidade administrativa", além de apresentar todas as características acima listadas, ainda está intimamente ligada aos princípios da legalidade e motivação dos atos administrativos, pois não basta ao agente público "ser honesto", ele "tem que demonstrar que é honesto".

Dessa forma, ao exarar um ato administrativo ou tomar certa decisão, cabe ao servidor público demonstrar que os meios legais utilizados foram adequados; que o ato exarado ou a medida tomada era, de fato, necessária e urgente naquele contexto fático e, por derradeiro, que as vantagens advindas da execução do ato ou da decisão tomada foram e são muito maiores que as desvantagens, que dali poderiam surgir.

Não é incomum na esfera pública atos administrativos serem exarados e fundamentados por gestores públicos ao argumento de que assim fizeram para o alcance do interesse público. Embora todo ato praticado pelo agente público tenha como finalidade precípua o alcance do interesse público, outros requisitos deverão ser observados por ele. É preciso demonstrar quais foram os caminhos percorridos para o alcance do tão perseguido "interesse público".

1.2.4 Princípio da publicidade

A regra é que todo administrativo deva ser publicizado, em respeito ao "princípio da transparência", de modo que seja possível o seu controle e fiscalização por aqueles que detém a competência legal e para que a própria sociedade possa controlar as ações daqueles que representam a vontade popular. No entanto, como a toda regra cabe uma exceção, em relação ao "princípio da publicidade" existem aquelas situações em que o sigilo é determinado pela própria norma pertinente.

A própria Lei de Acesso à Informação (LAI), L. 12.527, de 18 de novembro de 2011 (BRASIL, 2011), em seu art. 7.º, §1.º, faz menção as exceções previstas. Vejamos:

> Art. 6º Cabe aos órgãos e entidades do poder público, observadas as normas e procedimentos específicos aplicáveis, assegurar a:
>
> I - gestão transparente da informação, propiciando amplo acesso a ela e sua divulgação;
>
> II - proteção da informação, garantindo-se sua disponibilidade, autenticidade e integridade; e
>
> III - *proteção da informação sigilosa e da informação pessoal, observada a sua disponibilidade, autenticidade, integridade e eventual restrição de acesso.*
>
> Art. 7º. [...]
>
> § 1º O acesso à informação previsto no *caput* não compreende as informações referentes a projetos de pesquisa e desenvolvimento científicos ou tecnológicos *cujo sigilo seja imprescindível à segurança da sociedade e do Estado.*
>
> [...]

(grifamos)

Neste sentido, a Lei 8.112/90 (BRASIL, 1990), em seu art. 150, caput, igualmente dispõe:

> Art. 150. A Comissão exercerá suas atividades com independência e imparcialidade, *assegurado o sigilo necessário à elucidação do fato ou exigido pelo interesse da administração.*
> Parágrafo único. As reuniões e as audiências das comissões terão *caráter reservado.*
> (grifamos)

Percebe-se que, a depender da situação fática e do que se pretende alcançar, a própria norma permite a mitigação do "princípio da publicidade", até mesmo como uma forma de salvaguardar o interesse público e, no caso de um processo administrativo disciplinar, evitar que a busca pela verdade material dos fatos seja comprometida pelo "vazamento de informações" antes do julgamento a ser prolatado pela autoridade competente.

1.2.5 Princípio da eficiência

O administrador público tem que demonstrar eficiência no que ele se propõe a fazer, agindo sempre no intuito de salvaguardar o interesse público, que é indisponível. Assim, deve produzir o efeito desejado, voltando suas ações para atos administrativos transparentes em respeito aos demais princípios norteadores da conduta do agente público, a exemplo da legalidade, impessoalidade, moralidade, publicidade, segurança jurídica, supremacia do interesse público, dentre outros.

Igualmente, a Administração Pública deve, na medida do possível, procurar exercer o seu papel valendo-se de meios menos onerosos par a resolução de demandas sejam elas disciplinares ou não.

Outrossim, se deve evitar procedimentos muito burocráticos, que acabam por impactar, ainda mais, a vida do administrado. No entanto, tudo deve se fazer primando-se pela qualidade dos serviços prestados.

> [...]Assim, princípio da eficiência é aquele que impõe à Administração Pública direta e indireta e a seus agentes a persecução do bem comum, por meio do exercício de suas competências e forma imparcial, neutra, transparente, participativa, eficaz, sem burocracia, e sempre em busca da qualidade, primando pela adoção dos critérios legais e morais necessários para a melhor utilização possível dos recursos públicos, de maneira a evitar desperdícios e garantir maior rentabilidade social[...] (MORAES, 2005, p. 108)

A eficiência deve ser vislumbrada não pelo número relevante de atos administrativos realizados durante o procedimento instaurado, mas, principalmente, pelo alcance do interesse público perseguido que, no caso de um processo administrativo disciplinar se concretiza pelo encontro da verdade material dos fatos e aplicação da devida reprimenda ao agente que infringiu a norma.

1.2.6 Princípio do devido processo legal

O princípio do devido processo legal garante que todos possam participar de qualquer procedimento administrativo ou judicial, sendo lhes estendidas todas as garantias processuais constitucionais, a exemplo de oportunizar o contraditório e a ampla defesa a todos aqueles que participam como acusados, tanto na esfera administrativa como na judicial. Pelo princípio do devido processo legal todas as etapas do processo deverão ser, obrigatoriamente, respeitadas, salvo quando a exclusão de determinado procedimento não causar, comprovadamente, nenhum prejuízo às partes integrantes do feito. Por exemplo, em um PAD tem-se as seguintes fases: Instauração, Inquérito (instrução, defesa e relatório) e julgamento. Pode acorrer que a documentação, que já se encontre no processo, desde a sua instauração, esteja completa no que se refere a culpabilidade ou inocência do servidor investigado. Assim, a comissão pode deliberar por dispensar a produção de mais provas, tendo em vista a robustez do conjunto probatório já existente nos autos. No entanto, salvo as exceções como a do exemplo acima, é regra que desde o início das averiguações, pela comissão de PAD, todas as fases devem ser perfazidas, não se admitindo o atropelo de nenhuma, tendo em vista que a observância ao devido processo legal é um direito fundamental e uma garantia constitucional de todo cidadão, servidor público ou não. Neste sentido, preconiza o Texto Constitucional em seu art. 5.º, inc. LIV, "ninguém será privado de sua liberdade ou de seus bens sem o devido processo legal".

1.2.7 Princípio do contraditório e da ampla defesa

De acordo com este princípio todo aquele, que estiver sendo demandado judicial ou administrativamente tem o direito de contraditar o que estão falando em seu desfavor e, para isso, pode valer-se de qualquer meio de prova lícita e legítima para demonstrar que suas alegações se revestem de veracidade.

No âmbito do PAD a observância deste princípio, pela comissão apuradora, é de extrema importância, sendo o desrespeito a ele motivo ensejador de nulidade completa do procedimento disciplinar.

O artigo 156, caput, da Lei 8.112/90 (BRASIL, 1990), dispõe, de forma bem clara, o princípio enunciado:

> Art. 156. É assegurado ao servidor o direito de acompanhar o processo pessoalmente ou por intermédio de procurador, arrolar e reinquirir testemunhas, produzir provas e contraprovas e formular quesitos, quando se tratar de prova pericial.

Conforme se verifica, o direito ao contraditório e a ampla defesa implica, também, assegurar ao servidor investigado o direito de não só apresentar provas, mas, também, o de acompanhar o feito disciplinar desde o início. Igualmente, o servidor investigado tem direito de ter vista dos autos a qualquer tempo e de ser cientificado/notificado, pela comissão de inquérito, acerca de qualquer "ato praticado" pelos membros ou por outros integrantes do processo, como de pronunciar-se sobre qualquer documento que esteja sendo juntado aos autos pelas partes interessadas.

1.2.8 Princípio do informalismo moderado

No âmbito do direito administrativo a regra é a informalidade no que diz respeito à forma do ato administrativo, tendo em vista que o excesso de burocracia não se coaduna com a eficiência, que se espera do Estado na prestação de serviços públicos.

Contudo, quando a Lei exigir que o ato administrativo se revista de determinada forma, esta deve ser observado, uma vez que, pelo princípio da legalidade, o atuar do administrador público encontra-se totalmente condicionado ao que se encontra descrito na norma de regência. Exemplo disto é a forma, pela qual deve revestir-se o requerimento inicial do interessado, nos termos do artigo 6.º, da Lei 9.784/99 (BRASIL, 1999), que trata do processo administrativo no âmbito federal:

> Art. 6º O requerimento inicial do interessado, salvo casos em que for admitida solicitação oral, deve ser formulado por escrito e conter os seguintes dados:
> I - órgão ou autoridade administrativa a que se dirige;
> II - identificação do interessado ou de quem o represente;
> III - domicílio do requerente ou local para recebimento de comunicações;
> IV - formulação do pedido, com exposição dos fatos e de seus fundamentos;
> V - data e assinatura do requerente ou de seu representante.

1.2.9 Princípio da presunção de inocência ou não culpabilidade

Por este princípio, ninguém poderá ser considerado culpado até que exista uma decisão definitiva exarada por autoridade competente demonstrando a culpa do agente investigado, o que deve ser feito, também, amparado em elementos contundentes de prova acerca da culpabilidade daquele. No caso do PAD, ainda que exista uma denúncia ou uma representação em face de um servidor, este somente poderá ser considerado o autor, de fato, da infração, após a Administração ter seguido o "devido processo legal", ou seja, após ter percorrido todas as etapas pertinentes/legais do chamado processo administrativo disciplinar, que são: instauração, inquérito (instrução, defesa e relatório) e julgamento.

Na oportunidade, vale a pena destacar que, igualmente, por este princípio, não se aconselha à Administração, já na Portaria que designa a comissão apuradora das irregularidades, constar a infração administrativa praticada pelo agente público.

Aludida preocupação se justifica no sentido de se evitar pré-julgamentos no início do processo, o que fere o princípio da presunção de inocência. Pode ocorrer que mesmo sendo o agente público indicado como acusado na denúncia ou representação funcional, que ele consiga, durante a instrução do feito, demonstrar a sua inocência. A própria nomenclatura "acusado", que é usada no texto da Lei 8.112/90 para nomear o agente público infrator, é algo que sugere-se ser evitado até o indiciamento dele, caso esta etapa ocorra durante as apurações. Ao invés da mencionada terminologia opinase pelo uso da palavra "investigado". A nomenclatura "acusado" traz implícita em sua definição a ideia de criminoso, de culpado. Assim, por mais que a intenção do legislador, no texto da Lei 8.112/90, não tenha sido a de causar constrangimentos e dissabores aos agentes investigados, a própria palavra "acusado", pelos motivos já expostos, reveste-se de uma conotação negativa.

1.2.10 Princípio da motivação

Falar em "princípio da motivação" na esfera administrativa é o mesmo que dizer que "todos os atos administrativos, ainda que sejam nominados como discricionários[6], devem, obrigatoriamente, ser justificados pela Administração, que deve expor os motivos de fato e de direito, que a levaram a

---

6. No âmbito do Direito Administrativo toda ação praticada, cotidianamente, pela Administração Pública, por meio de seus servidores, é denominada de "ato administrativo", cuja execução deve observar os chamados requisitos de validade do ato, a saber: Competência, Objeto, Forma, Finalidade e Motivo. Existem os chamados atos administrativos vinculados e atos administrativos discricionários. Os primeiros são aqueles em que a Lei não deixa margem de liberdade ao administrador para escolher entre uma decisão ou outra, ou seja, ele deverá executar o ato de acordo com a lei determina. Ao contrário, quando se fala em "ato administrativo discricionário", este é executado, porém concedendo uma "certa margem de liberdade" ao administrador que, diante de determinada situação fática, pode optar por tomar uma decisão ou outras mais de acordo com o contexto analisado.

tomar determinada decisão ou anular determinado ato administrativo".

1.2.11 Princípio da segurança jurídica

Tanto na esfera judicial, como na Administrativa, é importante salientar que as disposições contidas na Lei têm que trazer, além do comando normativo, uma "certa segurança" para os receptores da norma, ou seja, de que o comando legal ali disposto será cumprido e, uma vez não observado por quem o pratica, poderá não mais ter validade. Exemplo disso é o próprio "instituto da prescrição", presente em nosso ordenamento jurídico pátrio, que não permite que as "relações jurídicas" se propaguem infinitamente no tempo. Pelo mencionado princípio, tanto o judiciário como a Administração Pública, têm um " certo tempo" para que executem os "atos" a que são obrigados, como é o prazo, por exemplo, de que dispõe a autoridade competente do órgão (art. 143 da Lei 8.112/90; BRASIL, 1990) para instaurar uma sindicância investigativa ou um PAD. Outro exemplo é o prazo determinado pela norma administrativa para a aplicação de penalidade ao agente infrator. Caso este prazo não seja observado pela Administração Pública o direito de punir o servidor culpado não poderá mais ser utilizado, pois será atingido pelo instituto da prescrição[7].

---

7. De acordo com a literatura pertinente, o instituto da prescrição pode ser definido como sendo a "a perda do direito do Estado, como do próprio particular, de exercer um direito que lhe é concedido pelo próprio legislador. Ou seja, ele possui o chamado "direito subjetivo

1.2.12 Princípios da razoabilidade e da proporcionalidade

Quando se fala em decisões tomadas no âmbito da Administração Pública é interessante destacar que, não obstante tenham que guardar estreita consonância com a lei, por outro lado o aplicador da norma administrativa não pode se furtar de fazer a devida adequação do mandamento normativo ao caso concreto. Deve velar o agente público, acima de tudo, pela devida adequação entre meios e fins, evitando a imposição de obrigações, restrições e sanções em medida superior àquelas estritamente necessárias ao atendimento do interesse público. O artigo 128, caput, da Lei 8.112/90 (BRASIL, 1990), deixa claro a aplicação dos princípios aqui discutidos:

> Art. 128. Na aplicação das penalidades serão consideradas a natureza e a gravidade da infração cometida, os danos que dela provierem para o serviço público, as circunstâncias agravantes ou atenuantes e os antecedentes funcionais.

Desta forma, a função da norma é aplicar a reprimenda ao agente infrator de acordo com a gravidade da irregularidade por ele praticada e não ir além deste objetivo em verdadeiro abuso de poder ou de autoridade.

---

material", porém não pode, por meio do processo, que é o instrumento pelo qual se exerce e executa o primeiro, fazer valer o que a norma lhe concedeu.

1.2.13 Princípio da supremacia do interesse público sobre o particular

Este pode ser considerado um dos princípios cruciais quando se está no universo da Administração Pública. A Administração Pública foi e continua sendo estruturada, por meio de repartições, que realizam suas atividades através do trabalho e colaboração dos denominados servidores públicos, geralmente concursados, para atender ao público em geral objetivando, prioritariamente, atender e satisfazer o bem comum. Na seara administrativa pública o interesse particular do administrado e/ou do agente público, no geral, assume uma posição secundária, pois o que prevalece, primariamente, é o interesse público da coletividade, em prol do qual o Estado movimenta toda a máquina administrativa buscando salvaguardar o interesse do povo, que segundo a própria Constituição da República Federativa do Brasil, detém a soberania popular (BRASIL, 1988).

Neste sentido, a própria Lei 9.784/99 (BRASIL, 1999), assim dispõe, *in verbis*:

> Art. 2º. A Administração Pública obedecerá, dentre outros, aos princípios da legalidade, finalidade, motivação, razoabilidade, proporcionalidade, moralidade, ampla defesa, contraditório, segurança jurídica, interesse público e eficiência.
>
> Parágrafo único. Nos processos administrativos serão observados, entre outros, os critérios de:
>
> [...]
>
> XIII - interpretação da norma administrativa da forma que melhor garanta o atendimento do fim público a que

se dirige, vedada aplicação retroativa de nova interpretação.

1.3 Fases do PAD

O processo administrativo disciplinar apresenta as seguintes fases:

a) instauração, que se dá com a lavratura da portaria designando os membros da comissão apuradora;

b) inquérito, que é dividido em:

b.1) instrução do feito (momento em que colhem-se as provas e analisam-se documentos acostados aos autos).

b.2) a parte referente ao interrogatório do servidor investigado

b.3) o momento da indiciação (se for o caso) do investigado;

b.4) a apresentação de defesa escrita feita pelo investigado ou por seu procurador devidamente constituído nos autos;

b.5) o relatório que é lavrado pela comissão, após a apresentação da defesa escrita pelo servidor que está sendo investigado.

c) Julgamento, com a prolação de decisão exarada pela autoridade competente do órgão e/ou instituição.

1.4 Penalidades aplicadas

No que diz respeito às penalidades aplicadas aos servidores públicos, que praticarem alguma espécie de conduta proibida pela norma, tem-se, segundo disposto no artigo 127, da Lei 8.112/90 (BRASIL, 1990):

> Art. 127. São penalidades disciplinares:
> I - advertência;
> II - suspensão;
> III - demissão;
> IV - cassação de aposentadoria ou disponibilidade;
> V - destituição de cargo em comissão;
> VI - destituição de função comissionada.

Vale destacar que a aplicação das penalidades não deve ocorrer, em hipótese alguma, de forma arbitrária, pela Administração Pública. Esta, na aplicação da reprimenda ao servidor faltoso deve considerar, obrigatoriamente: a natureza e a gravidade da infração cometida, os danos que dela provierem para o serviço público, as circunstâncias agravantes ou atenuantes e os antecedentes funcionais (art. 128 da Lei 8.112/90) (BRASIL, 1990).

Percebe-se, nas entrelinhas do texto da referida norma, os princípios da razoabilidade e proporcionalidade, como, igualmente, tem-se aí um claro reflexo da discricionariedade, que é dada ao Administrador público pelo legislador. Ou seja, uma "certa margem liberdade" a ele concedida para que, diante da situação fática com que se depara, ele possa escolher, dentre as possibilidades ofertadas, a que melhor salvaguarde o interesse público, que está sendo perseguido.

Ainda, o ato de imposição de penalidade mencionará sempre o fundamento legal (qual artigo de lei foi infringido pelo servidor faltoso) e a causa da sanção disciplinar (Princípio da Motivação).

A advertência será aplicada sempre por escrito quando o servidor desobedecer ao que se encontra consignado no art. 117, incisos I ao VIII e IX da Lei 8.112/90 (BRASIL, 1990) e quando deixar de observar dever funcional previsto em lei, regulamentação ou norma interna. Isso, quando o contexto fático em que foi praticada a irregularidade não justificar a imposição de penalidade mais grave.

Já a pena de suspensão será aplicada quando o servidor reincidir em faltas punidas com a pena de advertência ou quando vier a violar outras proibições, que não sujeitem o infrator à penalidade de demissão. Destaca-se que a pena de suspensão não pode exceder de 90 (noventa) dias.

Ainda em relação à pena de suspensão, esta também poderá ter uma dosimetria de apenas 15(quinze) dias. Isso, quando o servidor se recusar, injustificadamente, a ser submetido a inspeção médica determinada pela autoridade competente do órgão e/ou instituição.

Igualmente, quando houver conveniência para o serviço público, a penalidade de suspensão poderá ser convertida em multa na base de 50% (cinquenta por cento) por dia de vencimento ou remuneração, devendo, neste caso, o servidor permanecer em serviço.

Toda penalidade aplicada ao servidor público deve ser inscrita em seus "assentos funcionais", pois só assim os efeitos secundários dela poderão externar-se, a exemplo da penalidade aplicada servir, enquanto durarem seus efeitos, de antecedente funcional.

A penalidade de advertência terá seu registro cancelado dos assentamentos funcionais do acusado, após o decurso de 03(três) anos, enquanto a penalidade de suspensão não constará mais como antecedente funcional do servidor após 05(cinco) anos.

Para que o tempo de cumprimento da penalidade seja contado e tenha validade, é imprescindível que o servidor infrator se encontre em efetivo exercício.

Daí se extrai que afastamentos do servidor não considerados como de efetivo exercício (a exemplo de férias, licença maternidade e/ou paternidade, casamento, etc.) não irão influenciar para o término da penalidade. É o exemplo do servidor que sofreu uma pena de suspensão de 90 dias e, coincidentemente, afastou-se por motivo de doença bem no início do cumprimento da penalidade. Ao ser afastado o prazo de cumprimento da penalidade fica suspenso, continuando a correr quando o servidor voltar para o exercício efetivo do cargo que ocupa.

No que tange à penalidade de demissão, esta somente poderá ser aplicada nos casos especificados em Lei, a exemplo do que dispõe o artigo 132 da Lei 8.112/90 (BRASIL, 1990), *in verbis*:

> Art. 132. A demissão será aplicada nos seguintes casos:
> I - crime contra a administração pública;
> II - abandono de cargo;
> III - inassiduidade habitual;

IV - improbidade administrativa;

V - incontinência pública e conduta escandalosa, na repartição;

VI - insubordinação grave em serviço;

VII - ofensa física, em serviço, a servidor ou a particular, salvo em legítima defesa própria ou de outrem;

VIII - aplicação irregular de dinheiros públicos;

IX - revelação de segredo do qual se apropriou em razão do cargo;

X - lesão aos cofres públicos e dilapidação do patrimônio nacional;

XI - corrupção;

XII - acumulação ilegal de cargos, empregos ou funções públicas;

XIII - transgressão dos incisos IX a XVI do art. 117.

Vale a pena destacar que, embora o texto normativo do artigo 127 da Lei 8.112/90 (BRASIL, 1990), que dispõe acerca da dosimetria da pena aplicada, dê uma certa "margem de liberdade (discricionariedade)" ao administrador público para diminuir a dosimetria da pena a ser aplicada ao agente público infrator ou mesmo muda-la (por exemplo, passar de uma suspensão para uma advertência), tal liberdade não existe quando se tratar de uma infração praticada pelo servidor público, que o sujeite a uma pena demissão, tendo em vista que as condutas tipificadas no artigo 132 da Lei 8.112/90 (BRASIL, 1990) não permitem uma flexibilização da pena.

Neste diapasão, eis o que perfaz a literatura oriunda da Controladoria Geral da União:

> "Diante da gravidade da pena capital, o enquadramento nas irregularidades previstas nos incisos IX a XVI do artigo 117 e de todos os incisos do artigo 132 da Lei 8.112/1990 requer a adequação entre o fato configurado e o texto legal, além da demonstração do elemento subjetivo que, em regra, será o dolo (como exemplo de situação culposa que enseja a demissão tem-se a desídia), guardando então certa analogia com os requisitos de tipificação penal. Uma vez configurado o cometimento de alguma dessas hipóteses previstas no artigo 132 da Lei nº 8.112/1990, a autoridade julgadora não dispõe de margem de discricionariedade para abrandar a pena". (CGU, 2019)

Em relação às penas de demissão ou a destituição de cargo em comissão, é oportuno aduzir que quando o servidor cometer as infrações de improbidade administrativa, aplicação irregular de dinheiros públicos, lesão aos cofres públicos ou corrupção, isto implicará, cf. dispõe o art. 136 da Lei 8.112/90, na indisponibilidade dos bens do agente público e o ressarcimento, por ele, ao erário, sem prejuízo da ação penal cabível.

Já a pena de cassação de aposentadoria ocorre quando o servidor, ainda na "ativa" comete alguma espécie de irregularidade administrativa. Neste caso, 02 (duas) situações podem ocorrer: a) o servidor, ainda na ativa, comete uma infração administrativa, porém é aposentado compulsoriamente, não tendo a Administração como impedir tal procedimento, já que a lei obriga a aposentadoria; b) o servidor é aposentado, ainda que voluntariamente, e somente passado algum tempo, a Administração vem a tomar da ciência da irregularidade praticada por ele.

Em ambos os casos acima citados, tem a Administração o dever de apurar as faltas do servidor, ainda que ele esteja aposentado legalmente, pois a depender da gravidade e natureza da infração por ele cometida, poderá ser demitido, ser incompatibilizado para nova investidura em cargo público ou ser impedido de retornar ao serviço público. É o que veremos nos itens a seguir.

1.5 Penalidades que implicam a suspensão temporária de nova investidura em cargo público federal

Consoante regrado no artigo 137 da Lei 8.112/90 (BRASIL, 1990), a demissão ou destituição de cargo em comissão do servidor, que teve como fundamento a prática de determinadas condutas descritas na norma pertinente, pode incompatibilizá-lo para nova investidura em cargo público federal, pelo prazo de 05(cinco) anos. São elas:

> a) valer-se do cargo que ocupa para lograr proveito pessoal ou de outrem, em detrimento da dignidade da função pública;

> b) atuar, como procurador ou intermediário, junto a repartições públicas, salvo quando se tratar de benefícios previdenciários ou assistenciais de parentes até o segundo grau, e de cônjuge ou companheiro.

Merece ser esclarecido que a atuação do servidor como procurador, tal qual disposto na norma acima, diz respeito a atuação do servidor público, que atua como procurador de alguém, para pleitear direito junto à própria Administração, onde labora e não como advogado da parte. Ou seja, um servidor que não é advogado atua como procurador de outro servidor conhecido seu, junto a repartição pública.

Destaca-se que o exercício da advocacia é permitido aos servidores públicos desde que observados as permissões e proibições dispostas na Lei 8.906, de 04 de julho de 1994 (BRASIL, 1994), que dispõe sobre o Estatuto da Advocacia e a Ordem dos Advogados do Brasil(OAB).

1.6 Penalidades que impedem o retorno do agente ao serviço público federal

Segundo preconizado na Lei 8.112/90 (BRASIL, 1990), em seu art. 137, parágrafo único, não poderá retornar ao serviço público federal o servidor que for demitido ou destituído de cargo em comissão por cometer as seguintes condutas:

a) crime contra a administração pública;

b) improbidade administrativa;

c) aplicação irregular de dinheiros públicos;

d) lesão aos cofres públicos e dilapidação do patrimônio nacional e

e) corrupção.

Adverte-se que o mencionado artigo de lei deve ser interpretado com "certa reserva e cautela", haja vista que "não existe a previsão de penas perpétuas em nosso ordenamento jurídico pátrio", sendo possível, a depender da decisão tomada pela Administração em relação ao servidor faltoso, este servidor ajuizar ação judicial, oportunidade em que pode alegar a inconstitucionalidade da norma.

Quando a norma reza que o servidor faltoso não mais poderá retornar ao serviço público, ela não estabelece nenhuma espécie de prazo para o término do cumprimento da penalidade, o que faz com que ele nunca tenha um fim, tornando-se, portanto, perpétuo.

Não se está pretendendo aqui "passar a mão" naquele servidor descompromissado e que venha a cometer alguma irregularidade funcional. Ao contrário, do mesmo modo que não se pode admitir que alguém venha a ferir o interesse público, não se pode permitir que o Estado cometa "abusos de poder". O que, aliás, é condenado pela própria Lei 8.112/90 (BRASIL, 1990), que assim considera como sendo um dever do agente público:

> "Art. 116. São deveres do servidor
> [...]
> XII - representar contra ilegalidade, omissão ou abuso de poder".

Ainda, neste sentido, veja o que perfaz a doutrina:

> "Não se pode conceber que, em pleno século XXI, ainda seja permitida a ocorrência, no âmbito do Poder Público, de situações arbitrárias, indevidas, abusivas e ilegais, com aparente cunho de legalidade e juridicidade, como as que se apresentam no decorrer do trâmite de um processo administrativo disciplinar, em que o cará-

ter subjetivo e discricionário da Administração discipli-nar tem desconhecido, de maneira sistemática e habi-tual, a existência do direito e da lei, bem como esquecido de aplica-los na maioria dos processos e, por conse-guinte, aniquilando inúmeros princípios constitucio-nais, inclusive, e especialmente, desconsiderando que são invioláveis a intimidade, a vida privada, a honra, a imagem das pessoas e demais valores, sendo que, com tal atuação, prejudica drasticamente inúmeros servido-res inocentes injustamente, que, por questões pessoais ou políticas, figuram como acusados em processos dis-ciplinares". (MATTOS, 2010, p. IX).

O posicionamento supra, da lavra de nosso insigne dou-trinador, também há de ser interpretado dentro de um juízo de razoabilidade, tendo em vista que é do conhecimento de quem faz parte da Administração Pública, que existem os "bons" e os "maus" servidores, sendo que estes últimos, em muitas ocasiões, tentando safar-se de alguma espécie de pe-nalidade, alegam que estão sendo processados injustamente.

Mas reitera-se: não só por isso há de se admitir violação a direitos e garantias fundamentais. Ninguém pode ser conde-nado eternamente. Aliás, diga-se de passagem, que no pró-prio Ordenamento Jurídico Pátrio brasileiro a duração má-xima das penas privativas de liberdade não pode ser superior a 30 (trinta) anos.

Capítulo 2

Mecanismos de prevenção de processos administrativos disciplinares

Superadas as questões referentes à conceituação dos princípios norteadores do PAD, bem como as que se voltam a definição do que vem a ser "processo administrativo disciplinar e suas respectivas fases", passemos a discorrer e analisar algumas ferramentas administrativas, que além de poder colaborar para evitar a deflagração de um PAD, ainda se constituem em excelentes e céleres procedimentos para auxiliar gestores públicos, universitários ou não, para dirimir conflitos no seio das respectivas repartições públicas.

2.1 Comunicação e reuniões com os membros da equipe

Pode-se dizer que esta é uma das ferramentas fundamentais para se detectar situações, prementes ou potenciais, de conflito, no seio das repartições.

Evidentemente, que não se tem como falar em "reuniões" sem tecer considerações acerca de comunicação. Assim, interessante citar o que Maria Chuler, em Comunicação Estratégica (2004, p. 11), tem a dizer:

> [...]a comunicação está presente em todas as formas de organização conhecidas na natureza, tanto que se pode afirmar que a única maneira de haver organização é através da comunicação.

Dessa forma, não basta se comunicar, é preciso saber transmitir as ideias de forma inteligível, considerando as características socioculturais daquele a quem se dirige a mensagem.

> A cultura e o contexto social exercem forte influência sobre o indivíduo e, consequentemente, interferem na comunicação das pessoas. A cultura manifesta-se no repertório de todo comunicador. Ele é composto de signos, de conhecimentos e de crenças. O repertório dos signos é constituído sob a influência da interação social e a forma de o indivíduo dar sentido ao que circunda. O repertório de comunicação é composto pelo conjunto de aprendizagem do indivíduo, pela experiência que forma em contato com o mundo. O repertório de crenças é formado no meio familiar e convívio com vários grupos que influenciam seus julgamentos éticos, mo-

rais, éticos[...] Outro fator relevante no processo de comunicação é a percepção do indivíduo. Toda pessoa tem uma forma própria de perceber a realidade. Por isso, para que uma estratégia de comunicação alcance o efeito desejado, é preciso ter ao menos uma ideia da estratégia de recepção do outro, daquilo que ele pode extrair do que se diz a ele[...]O clima interpessoal é outro fator decisivo n a comunicação. Se os comunicadores se sentem como adversários, o efeito da comunicação será totalmente diverso do que se se considerassem amigos. O destinatário é influenciado pelas relações de poder e pela consideração que tem com relação ao seu interlocutor[...] (TOMASI, MEDEIROS, 2014, p. 14).

Assim, o gestor público, podendo ser identificado como o "chefe ou gerente da repartição", como o "diretor ou coordenador da unidade acadêmica" e mesmo ocupando o cargo de "reitor de uma universidade", por exemplo, devem, notadamente, em reuniões com seus pares e subordinados, desenvolver uma comunicação assertiva, ou melhor dizendo: fazer-se entender por todos ali presentes.

E quando se fala em "fazer-se entender por todos ali presentes" implica aduzir que o líder de uma equipe deve valer-se de um vocabulário adequado, que esteja de acordo com o que é utilizado, frequentemente, por seu público-alvo, ainda que este público sejam os seus pares e subalternos.

Ainda, cabe ao locutor da mensagem ser empático aos problemas suscitados, bem como, nas oportunidades na que tiver no dia a dia da organização, saber reconhecer perfis e habilidades de seus colaboradores.

Agindo dessa forma, o gestor terá melhores condições para distribuir tarefas e serviços de acordo com a capacidade técnica e intelectual de cada integrante de sua equipe.

As condutas e atitudes acima têm como objetivo identificar situações conflituosas e, é claro, evitar "situações de conflito", que possam ter uma conotação negativa no seio da organização.

A título de exemplo, na Lei 8.112/90 (BRASIL, 1990), em seu art. 117, inc. V, tem-se a proibição da chamada "manifestação de apreço no recinto da repartição", que é nada mais nada menos que aquelas manifestações oriundas tanto de superiores hierárquicos, como de subordinados, no sentido de "exaltação exagerada das qualidades de uns em demérito de outros, ainda que todos laborem no mesmo local e, por vezes, desempenhem as mesmas atribuições"

Ao contrário, não se deve enaltecer somente um membro da equipe, mas perceber em cada um o seu potencial. Agindo o gestor dessa forma, não se abrem argumentos para que outros contestem e, consequentemente, deflagre-se uma situação de conflito.

No que se refere a "identificação e gestão de conflitos", o tema é tratado com maestria pelo respeitável administrativista Idalberto Chiavenato, em sua obra "Administração Geral e Pública" (2008, p. 182):

> Se o conflito pode trazer resultados positivos ou negativos para pessoas e grupos, sobretudo para a organização como um todo, a questão primordial é como administrar o conflito de maneira a aumentar os efeitos positi-

vos (construtivos) e a minimizar os negativos (destrutivos). Essa tarefa cabe ao gerente. Embora muitas vezes seja um ator envolvido até a cabeça em muitos conflitos, o gerente deve sempre buscar uma solução construtiva. Para tanto, deve saber escolher adequadamente as estratégias de resolução para cada caso. As abordagens estruturais são geralmente mais fáceis de utilizar e exigem menos habilidades do que as abordagens de processo.

Como se verifica, o conflito, que pode ter origem em várias situações do cotidiano, não apresenta somente "efeitos negativos", mas pode, em determinadas situações e circunstâncias ter uma conotação positiva para a organização. O importante é saber identificar essas situações e ainda: saber lidar com eles.

Em muitos casos, a deflagração de um conflito faz com que não só o gestor, como os integrantes de sua equipe, passem a enxergar uma "situação conflituosa" que antes parecia não existir ou melhor: existia, porém, por motivos diversos, não era percebida pelos colaboradores.

Acerca da transformação e solução de conflitos, orienta Lederach (2012, p. 23):

> [...]sugiro três lentes que colaboram para criar o mapa do todo. Em primeiro lugar precisamos de uma lente para ver a situação imediata. Em segundo, de uma que veja além dos problemas prementes e que leve nosso olhar na direção dos padrões mais profundos de relacionamento, inclusive no contexto no qual o conflito se expressa. Em terceiro, é preciso uma estrutura conceitual que reúna estas perspectivas, uma estrutura que nos

permita ligar os problemas mais imediatos com os padrões de relacionamento subjacentes. Tal estrutura poderá oferecer uma compreensão geral do conflito e, ao mesmo tempo, criar uma plataforma para tratar as questões imediatas e também os padrões de relacionamento subjacentes[...] (p.23).

Ao detectar um conflito aconselha-se que o gestor, ao invés de partir para a emissão de "juízos de valor e pré-julgamentos" sobre a situação supostamente conflituosa ou mesmo antes de tomar decisões trágicas e precipitadas, podendo-se assim dizer, que procure identificar a "raiz do problema", ou seja, o que veio a deflagrá-lo.

Ao compreender as reais razões que levaram ao nascimento do conflito, o gestor terá melhores condições para entender e lidar com ele e, consequentemente, encontrar uma solução satisfatória para as partes envolvidas, como para toda a equipe de colaboradores que acabam, direta ou indiretamente, sendo afetados pela situação conflituosa deflagrada no recinto da repartição.

A abordagem transformativa reconhece que o conflito é a dinâmica normal e contínua dos relacionamentos humanos. Além disso, o conflito traz consigo um potencial para mudanças construtivas. É claro que as mudanças nem sempre são construtivas. Sabemos bem que muitas vezes os conflitos resultam em ciclos de sofrimento e destruição que se estendem por longo tempo. Mas a chave para a transformação é manter um viés proativo e visualizar o conflito como potencial catalisador de crescimento[...]A transformação de conflitos sugere que o diálogo é um modo fundamental de promover mudanças construtivas em todos os níveis. O diálogo é essencial para a justiça e para a paz, tanto no nível interpessoal quanto no estrutural. O diálogo é sem dúvida um mecanismo essencial, embora não seja o único[...]Ter a habilidade, de ver o conflito em si e também através dele, nos permite desenvolver um processo orientado para a mudança, capaz de reagir ao conteúdo imediato e também de abordar o contexto mais amplo que deu origem àquele (LEDERACH, 2012, p. 28-64).

Percebe-se que a própria literatura especializada ressalta a importância do diálogo nas relações interpessoais, podendo essas ideias e sugestões ser aproveitadas tanto nas organizações públicas, como nas privadas. E como fazer isto? Como atingir o maior número de pessoas por meio do diálogo em equipe?

As reuniões semanais, quinzenais e mensais com os membros da equipe são, sem sombra de dúvida, uma excelente ferramenta (não a única) para que eles, em determinado local e espaço de tempo, possam expor suas ideias, suas indignações, seus descontentamentos e frustrações, como também é o momento adequado para que as pessoas possam propor mudanças, dar suas opiniões a respeito de determinado assunto ou até mesmo suscitar situações de conflito, que como dito, nem sempre devem ser vislumbradas pelo lado negativo.

O conflito pode gerar efeitos positivos. Em primeiro lugar, o conflito desperta sentimentos e energia dos membros do grupo. Essa energia estimula interesse em descobrir meios eficazes de realizar as tarefas, bem como soluções criativas e inovadoras. Em segundo lugar, o conflito estimula sentimentos de identidade dentro do grupo, aumentando a coesão grupal. Em terceiro lugar, o conflito é um modo de chamar a atenção para os problemas existentes e serve para evitar problemas mais sérios, atuando como mecanismo de correção[,,,] (CHIAVENATO, 2008, p. 181).

Para Kinicki e Kreitner (2006, p. 285) uma forma de evitar e dirimir conflitos é construir relações multiculturais, ou seja, ser um bom ouvinte, ser sensível às necessidades dos outros; ser colaborador, ao invés de excessivamente competitivo; defender, no seio da organização, uma liderança inclusiva e participativa; chegar a um acordo ao invés de dominar; estabelecer vínculos por meio de conversas; ser solidário e compreensivo, não se olvidando de enfatizar harmonia e priorizar por cultivar boas relações pessoais.

2.2 Alinhamento de diálogos

Outro ponto importante a ser destacado nesse nosso estudo é o que se refere ao chamado "alinhamento de diálogos entre os membros da equipe". Ou seja, todos os colaboradores devem estar em "sintonia" ou porque não dizer "na mesma frequência de opiniões", notadamente no que pertine a assuntos de interesse de todo o grupo.

A "diversidade de opiniões" é algo saudável e que sempre espera-se existir em qualquer ambiente de acadêmico ou de outras espécies de trabalho.

É a partir das diferenças e contraposições que a própria ciência surge, trazendo como resultado avanços científicos para todas as áreas do conhecimento.

Existem situações em que o consenso aliado ao bom senso além de evitar a deflagração de conflitos, ainda se constitui em excelente ferramenta para a solução amistosa de controvérsias no seio da organização.

Exemplo desta prática é quando toda a equipe, de forma consensual e unânime, após estudo acurado de uma situação conflituosa recorrente na organização, decide por seguir determinadas regras e procedimentos no intuito de otimizar os trabalhos e não sobrecarregar de tarefas nenhum membro da equipe, ou seja, passa a existir um "equilíbrio de forças, tarefas e ideias".

Para que o "alinhamento de diálogos" também seja eficiente faz-se necessário que todos os colaboradores deixem de lado as "vaidades pessoais e os egos aflorados"; características estas, tão comuns em estruturas organizacionais construídas de forma hierarquizada, onde se tem a criação e distribuição de "n" cargos administrativos, por vezes com remuneração bem atrativa, como ocorre na esfera pública.

É importante que os colaboradores de uma equipe tentem eliminar entre eles "a ilógica disputa de saberes e conhecimentos", ou seja, a irracional disputa para demonstrar que o outro é mais inteligente ou que detém mais conhecimento técnico, etc.

Diz-se irracional em dois sentidos: primeiro, tendo em vista que diferenças intelectuais e de saberes técnicos sempre vão existir e se fazem necessárias, pois, como enfatizado, a própria ciência surge, em muitos casos, a partir de ideias divergentes. Segundo, uma vez adquirido o conhecimento por alguém, ninguém possui a capacidade e o poder de retirá-lo. Neste espaço, o máximo que, quiçá, poderá ocorrer, é de alguém não concordar com o pensamento ou proposta feita pelo outro, nada mais que isso.

Contudo, aludidas diferenças não retiram o mérito, a capacidade e a habilidade de ninguém, ou seja, cada um, de acordo com sua formação e conhecimentos adquiridos, tem condições de contribuir, sobremaneira, para a execução fidedigna dos trabalhos realizados no ambiente organizacional.

2.4 Conciliação

O Código de Processo Civil (BRASIL, 2015), já em seu art. 1.º, dispõe, verbis:

> Art. 1º O processo civil será ordenado, disciplinado e interpretado conforme os valores e as normas fundamentais estabelecidos na Constituição da República Federativa do Brasil, observando-se as disposições deste Código.
> § 2º O Estado promoverá, sempre que possível, a solução consensual dos conflitos.
> **§ 3º A conciliação, a mediação e outros métodos de solução consensual de conflitos deverão ser estimulados por juízes, advogados, defensores públicos e membros do Ministério Público, inclusive no curso do processo judicial.**
> [...]
> (grifamos)

Consoante se verifica, hodiernamente, existe uma tendência de o próprio Estado-Juiz optar pela resolução de conflitos valendo-se dos chamados "meios alternativos de composição de conflitos", a exemplo do instituto da conciliação, da mediação e da arbitragem.

São eles meios consensuais de resolução de conflitos, pelos quais, em várias situações, é possível chegar ao mesmo resultado esperado em um processo litigioso.

Trazendo este raciocínio para a esfera administrativa, pode-se dizer "que se existem meios, menos onerosos e penosos, por meio dos quais a Administração Pública pode alcançar o interesse público e o espírito da lei, então qual é a justificativa para que o contrário seja feito? "

A título de exemplo, pode-se citar determinadas situações cotidianas, que ocorrem no âmbito administrativo, como os denominados conflitos de origem interpessoal (muito comuns na esfera acadêmica entre docentes e/ou entre técnicos e docentes e ainda entre discentes).

Os mencionados conflitos, em várias situações ou porque não dizer: na maioria delas, têm a possibilidade de serem resolvidos ou apaziguados com uma simples conversa franca com as partes envolvidas ou ainda por meio de uma conciliação, mediação ou termo de ajustamento de conduta.

Ao contrário do que muitos pensam, um processo administrativo disciplinar possui seus custos pecuniários, que devem ser computados a começar pelo próprio salário dos servidores, que compõem a comissão, somados a diárias para deslocamento da comissão, hospedagem, alimentação, material de trabalho, etc.

Assim, valer-se de meios consensuais para resolução de conflitos é também promover economia do "dinheiro público", podendo este ser investido e direcionado para outras áreas prioritárias, a exemplo da saúde e educação.

Mas afinal: o que vem a ser a conciliação?

Pode-se definir a conciliação como sendo o procedimento utilizado, tanto na esfera judicial como na administrativa, em que se tem a presença de um terceiro denominado "conciliador", que deve atuar de forma imparcial na presença das partes, que pretendem encontrar uma solução para a controvérsia que surgiu entre elas, pelos mais variados motivos e razões.

Esse conciliador irá favorecer o diálogo propondo aos demandantes uma "solução para o litígio", nem sempre boa para ambas as partes, mas que consiga ou ao menos se tenta estabelecer, novamente, a harmonia entre elas.

Na conciliação pretende-se alcançar a pacificação entre as partes, de forma simples, célere e eficiente.

Geralmente, a conciliação é proposta por alguém (juiz ou órgão da administração), a exemplo do que ocorre na esfera judicial nas primeiras audiências com as partes litigantes.

Um dos pontos que, talvez, possa não ser "tão positivo", podendo-se assim dizer, quando se fala em conciliação, é que nesta, embora a situação conflituosa consiga ser pacificada, o mesmo não ocorre em termos de relações interpessoais. Pode ocorrer de o conflito ser solucionado e as partes não voltarem mais a se relacionar em termos pessoais e profissionais.

2.5 Mediação

A Lei 13.140, de 26 de junho de 2015 (BRASIL, 2015) dispõe sobre o uso da mediação entre particulares como meio de solução de controvérsias e sobre a autocomposição de conflitos no âmbito da administração pública.

A mediação, ao contrário da conciliação, é um procedimento voluntário, proposto pelas próprias partes demandantes, embora exista a figura do "mediador", que como na conciliação, deve pautar pela imparcialidade, evitando dar conselhos, nem tomar decisões.

Uma das características principais da mediação é o "protagonismo". Assim, as partes têm a oportunidade de expor o seu pensamento e encontrar, juntamente, uma solução para o conflito existente, porém de forma cooperativa e construtiva.

Na mediação, ao contrário da conciliação, ambos os demandantes saem satisfeitos e ainda mantendo uma certa relação interpessoal, haja vista que foram eles próprios que encontraram uma solução que favorecesse a ambos.

A mediação na Administração Pública é uma excelente ferramenta a ser usada pelos gestores, tendo em vista que os servidores, que participaram do procedimento, continuarão a laborar na mesma repartição.

Assim, terão que superar determinadas vaidades e resistências pessoais, de modo que o trabalho realizado seja feito de forma fidedigna, com zelo e dedicação e ainda tratando um ao outro com respeito e urbanidade.

Dessa forma pode-se dizer que dentre as vantagens da mediação temos: flexibilidade e protagonismo; economia de custo e tempo; maior controle da solução pelas partes; mantença das relações interpessoais; efetividade; restaura o diálogo e a confiança da relação e o melhor: tratando-se de Administração Pública, alcança-se o interesse público e o espírito da lei, sem a necessidade de deflagração de procedimentos disciplinares, por vezes morosos e onerosos, a exemplo do processo administrativo disciplinar.

2.6 Termo de Ajustamento de Conduta(TAC)

O art. 2.º da Lei 9.784, de 29 de janeiro de 1999 (BRASIL, 1999), que regula o processo administrativo (aqui não é o PAD) no âmbito da Administração Pública Federal, dispõe verbis:

> Art. 2 º A Administração Pública obedecerá, dentre outros, aos princípios da legalidade, finalidade, motivação, razoabilidade, proporcionalidade, moralidade, ampla defesa, contraditório, segurança jurídica, interesse público e eficiência.
>
> Parágrafo único. Nos processos administrativos serão observados, entre outros, os critérios de:
>
> [...]
>
> VI - adequação entre meios e fins, vedada a imposição de obrigações, restrições e sanções em medida superior àquelas estritamente necessárias ao atendimento do interesse público;
>
> VIII – observância das formalidades essenciais à garantia dos direitos dos administrados;

IX - adoção de formas simples, suficientes para propiciar adequado grau de certeza, segurança e respeito aos direitos dos administrados;

Pela leitura do dispositivo acima, resta claro que o próprio legislador pátrio direciona e motiva o Gestor Público, no exercício das atribuições do cargo, a adotar formas mais simples na resolução de controvérsias, ou seja, é uma tendência nos dias atuais.

No entanto, as aludidas "formas simples" têm que ser suficientes para propiciar adequado grau de certeza, segurança e respeito aos direitos dos administrados, vedada a imposição de obrigações, restrições e sanções em medida superior àquelas estritamente necessárias ao atendimento do interesse público.

Em outras palavras o nosso legislador quis dizer o seguinte: se existem outras formas (menos onerosas) para resolver o conflito, qual razão de a Administração valer-se do meio mais burocrático e oneroso? Será que as formas procedimentais mais onerosas e burocráticas são, de fato, as melhores?

De antemão, já se pode responder, com convicção e experiência, que, a depender da natureza da infração praticada, a realização de uma mediação alcança resultados bem mais proveitosos e positivos para as partes envolvidas, para a própria Administração e para toda a sociedade.

Para as partes envolvidas, como já enfatizado, elas são as protagonistas da mediação, o que lhes permite estabelecer condições para que a convivência dantes fragilizada volte a ser harmoniosa, ainda que seja do ponto de vista profissional.

Destacando que os colaboradores, no seio da organização, não são obrigados a estabelecer laços íntimos de amizade. No entanto, espera-se que sejam os melhores profissionais uns para os outros.

Em relação a Administração Pública, a mediação, além de célere, não traz maiores custos financeiros para o erário.

Já para a sociedade, trata-se de excelente ferramenta que auxiliará a própria justiça, reduzindo a quantidade de ações no judiciário, tendo em vista que existe "uma tendência" de os agentes públicos, também, "judicializarem" suas pretensões.

Nesta linha de raciocínio, na tentativa de criar e utilizar meios alternativos de composição de conflitos, a Controladoria Geral da União, por meio da Instrução Normativa n. º 04, de 21 de fevereiro de 2020 (DISTRITO FEDERAL, 2020), publicada no DOU em 26.02.2020, dispôs que

> Art. 1º Os órgãos do Poder Executivo Federal, pertencentes à Administração Pública direta, as autarquias, as fundações, as empresas públicas e as sociedades de economia mista, compreendidas na Administração Pública indireta, ainda que se trate de empresa estatal que explore atividade econômica de produção ou comercialização de bens ou de prestação de serviços, poderão celebrar, nos casos de infração disciplinar de menor potencial ofensivo, Termo de Ajustamento de Conduta - TAC, desde que atendidos os requisitos previstos nesta instrução normativa.

O TAC consiste em procedimento administrativo voltado à resolução consensual de conflitos.

Considera-se infração de menor potencial ofensivo a conduta punível com advertência ou suspensão de até 30 dias, nos termos do artigo 129 da Lei 8.112/90, de 11 de dezembro de 1990 (BRASIL, 1990), ou com penalidade similar prevista em lei ou regulamento interno.

> Art. 129. A advertência será aplicada por escrito, nos casos de violação de proibição constante do art. 117, incisos I a VIII e XIX, e de inobservância de dever funcional previsto em lei, regulamentação ou norma interna, que não justifique imposição de penalidade mais grave (BRASIL, 1990).

Segundo o disposto no artigo 2.º, da Instrução Normativa n. º 04, de 21 de fevereiro de 2020 (DISTRITO FEDERAL, 2020), para que o TAC seja realizado, alguns requisitos precisam ser observados, obrigatoriamente, pela Administração Pública, em relação a pessoa do investigado, que:

> a) não pode ter registro vigente de penalidade disciplinar em seus assentamentos funcionais;
> b) não tenha firmado TAC nos últimos dois anos, contados desde a publicação do instrumento; e
> c) tenha ressarcido, ou se comprometido a ressarcir, eventual dano causado à Administração Pública.

O eventual ressarcimento ou compromisso de ressarcimento de dano causado à Administração Pública deve ser comunicado à área de gestão de pessoas do órgão ou entidade para aplicação, se for o caso, do disposto no artigo 46 da Lei nº 8.112, de 11 de dezembro de 1990 (BRASIL, 1990).

Art. 46. As reposições e indenizações ao erário, atualizadas até 30 de junho de 1994, serão previamente comunicadas ao servidor ativo, aposentado ou ao pensionista, para pagamento, no prazo máximo de trinta dias, podendo ser parceladas, a pedido do interessado.

§ 1º O valor de cada parcela não poderá ser inferior ao correspondente a dez por cento da remuneração, provento ou pensão.

§ 2º Quando o pagamento indevido houver ocorrido no mês anterior ao do processamento da folha, a reposição será feita imediatamente, em uma única parcela   § 3º Na hipótese de valores recebidos em decorrência de cumprimento a decisão liminar, a tutela antecipada ou a sentença que venha a ser revogada ou rescindida, serão eles atualizados até a data da reposição

Art. 47. O servidor em débito com o erário, que for demitido, exonerado ou que tiver sua aposentadoria ou disponibilidade cassada, terá o prazo de sessenta dias para quitar o débito.

Parágrafo único. A não quitação do débito no prazo previsto implicará sua inscrição em dívida ativa.

Por meio do TAC o agente público interessado se compromete a ajustar sua conduta e a observar os deveres e proibições previstos na legislação vigente.

A celebração do TAC será realizada pela autoridade competente para instauração do respectivo procedimento disciplinar.

Igualmente, a proposta de TAC poderá: a) ser oferecida, de ofício, pela autoridade competente, para a instauração do respectivo procedimento disciplinar; b) ser sugerida pela comissão responsável pela condução do procedimento disciplinar e c) ser apresentada pelo agente público interessado.

Nos casos em que o procedimento disciplinar já tenha sido deflagrado e o agente público já tenha sido notificado na condição de acusado, poderá ele, no prazo de 10 dias, a contar do recebimento da notificação, requerer a realização de TAC. O que não implica que a comissão responsável pela condução do PAD aceite o pedido do interessado, que, inclusive, poderá ser motivadamente indeferido.

O Termo de Ajustamento de conduta, consoante a norma vigente, deverá, obrigatoriamente, conter:

a) a qualificação do agente envolvido;

b) os fundamentos de fato e de direito para sua celebração;

c) a descrição das obrigações assumidas

d) o prazo e o modo para o cumprimento das obrigações e

e) a forma de fiscalização das obrigações assumidas

As obrigações estabelecidas no TAC, poderão, dentre outras, compreender: a) reparação do dano causado; b) retratação do interessado; c) participação em cursos visando a correta compreensão de seus deveres e proibições ou a melhoria da qualidade do serviço desempenhado; d) acordo relativo ao cumprimento de horário de trabalho e compensação de horas não trabalhadas; e) cumprimento de metas de trabalho e f) sujeição a controles específicos relativos à conduta irregular praticada.

Não poderá ser celebrado TAC nas hipóteses em que haja indício de: a) prejuízo ao erário; b) circunstância prevista no art. 128 da Lei nº 8.112, de 1990 (BRASIL, 1990), que justifique a majoração da penalidade; ou c) crime ou improbidade administrativa.

Reiterando: o agente público, que nos últimos 02(dois) anos, tenha firmado algum outro TAC no âmbito da Administração ou, ainda, na hipótese de se verificar, em seus assentamentos funcionais, algum registro de aplicação de penalidade disciplinar, não poderá ele se beneficiar deste procedimento.

Outro ponto importante a destacar é que o TAC tem um prazo para ser cumprido, ou seja, durante um determinado espaço de tempo o "suposto agente infrator" tem sua conduta sendo observada/acompanhada pela Administração. Tudo, na intenção de aferir se ele não reitera na conduta irregular. Esse prazo não poderá ser superior a 02(dois) anos, mas pode ser inferior a este interregno de tempo.

Após a celebração do TAC, será publicado extrato em Boletim Interno ou no Diário Oficial da União, onde deverá constar: a) o número do processo; b) o nome do servidor celebrante e c) a descrição genérica do fato.

A celebração do TAC será comunicada à chefia imediata do agente público, com o envio de cópia do termo, para acompanhamento de seu efetivo cumprimento.

Evidentemente, que a situação acima se aplica quando existir uma comissão de inquérito apurando faltas cometidas pelo agente público. Porém, pode ocorrer de o TAC ser firmado sem a designação de comissão de PAD, hipótese em que a própria chefia imediata do agente público faltoso poderá participar do TAC.

O TAC será registrado nos assentamentos funcionais do agente público.

O TAC terá acesso restrito até o seu efetivo cumprimento ou até a conclusão do processo disciplinar decorrente de seu descumprimento.

Declarado o cumprimento das condições do TAC, pela chefia imediata do agente público, não será instaurado procedimento disciplinar pelos mesmos fatos objeto do ajuste.

No entanto, se o agente público vier a descumprir o que se encontra consignado no TAC, a chefia dele adotará imediatamente as providências necessárias à instauração ou continuidade do respectivo procedimento disciplinar, sem prejuízo da apuração relativa à inobservância das obrigações previstas no ajustamento de conduta.

Algo que merece ser chamado a atenção, em se tratando de TAC, é que este é celebrado quando está-se diante dos chamados "direitos disponíveis", que possuem expressão econômica ou não, e que as partes podem livremente dispor deles, sem que haja norma de caráter cogente impedindo que a parte decida o que fazer, de acordo com o seu desejo e vontade.

Como exemplo de direitos disponíveis tem-se o "perdão de uma dívida ou de uma ofensa de caráter pessoal".

Ao contrário, quando se verifica, por exemplo, um "dano ao erário" cometido por agente público, o direito de perdoar este dano é indisponível, pois não se encontra dentro da esfera de decisão e vontade do agente. Neste caso o que prevalece é a "supremacia do interesse público sobre a vontade do particular".

Outro ponto positivo do TAC é a celeridade do procedimento, que pode ser realizado, sem maiores dificuldades, pela própria chefia de unidade e somente na presença do servidor faltoso, não expondo, dessa forma, a repartição e a imagem do agente.

Outra vantagem da lavratura do TAC para o servidor infrator é que, ao contrário de uma pena de advertência, que fica inscrita nos assentamentos funcionais do agente pelo prazo de 03(três) anos, quando se trata de TAC, este terá seu registro cancelo após o decurso de 02(dois) anos, contados a partir da data estabelecida para o término de sua vigência.

Ainda, consoante disposições da legislação pertinente, o TAC somente deve ser lavrado quando o caso, a situação ou a circunstâncias supostamente irregulares assim permitirem.

Ao contrário, o TAC firmado sem os requisitos norma vigente é nulo.

2.7 Danos ao patrimônio público causados pelo agente público.

Inicialmente, insta consignar que quando ocorre algum extravio, dano ou desaparecimento de bem público, mesmo que a Administração não tenha certeza da autoria dos fatos, ela é obrigada a promover a apuração imediata, ainda que por meio de uma sindicância meramente investigatória. Neste sentido, dispõe a Lei 8.112/90 (BRASIL, 1990):

> Art. 143. A autoridade que tiver ciência de irregularidade no serviço público é obrigada a promover a sua apuração imediata, mediante sindicância ou processo administrativo disciplinar, assegurada ao acusado ampla defesa.

No entanto, a mesma norma que obriga a autoridade competente a deflagrar um procedimento investigatório ao tomar da ciência da ocorrência de uma irregularidade, também dispõe que:

> Art. 144. As denúncias sobre irregularidades serão objeto de apuração, desde que contenham a identificação e o endereço do denunciante e sejam formuladas por escrito, confirmada a autenticidade.
>
> Parágrafo único. Quando o fato narrado não configurar evidente infração disciplinar ou ilícito penal, a denúncia será arquivada, por falta de objeto.

Verifica-se que a lei exige, como requisito mínimo, a identificação e o endereço do denunciante para que a denúncia seja aceita. Lembrando que o denunciante aqui pode ser a própria chefia imediata do agente público faltoso ou mesmo um colega seu, de dentro ou fora da repartição.

Ainda não se pode descartar a possibilidade e legalidade de a denúncia ser feita pelo Ministério Público, pela Polícia Federal, pelo Tribunal de Contas da União, pela Controladoria Geral da União, etc.

A simples assinatura de alguém em "termo de responsabilidade pela guarda do bem" não possui o condão de responsabilizar esta pessoa pelo dano, extravio ou desaparecimento do bem público. Já que terá que ser demonstrado, cabal e robustamente, o dolo ou a culpa do agente.

Diante destas situações em que o dano causado pelo agente público é considerado de pequeno valor para a Administração Pública, também pode se usar o TAC, com o objetivo de alcançar a eficiência e a racionalização do emprego de recursos públicos. Isto, tendo em vista que, em algumas situações, a instalação do rito disciplinar pode em muito superar o valor do dano ou extravio do bem público.

Sugere-se que o preço de mercado do bem seja considerado no momento em que a Administração for realizar a pesquisa e, posteriormente, os cálculos para o ressarcimento daquele.

Entende-se que bens extraviados ou danificados, que de uma forma ou de outra estejam sob a guarda da Administração, a exemplo de bens retidos ou apreendidos, podem ser recuperados por meio da lavratura de um TAC.

Vislumbra-se a possibilidade de a autoridade pública valer-se do TAC, quando o fato que ocasionou o extravio ou dano do bem público se deu por meio do uso regular dele pelo agente público ou por que ele não obrou com a diligência necessária para a conservação do bem ou para evitar o seu desaparecimento ou extravio.

Como exemplo de conduta culposa pode-se citar o caso do servidor que retira da repartição um "tablet" de que ele tem a posse em razão do cargo, deixando-o, ao estacionar o seu automóvel frente a uma farmácia, no banco de trás do veículo e, para piorar: com os vidros do carro abertos. Tal conduta do agente público facilita a ação de um meliante, que por ali passava e aproveitando-se da situação furta o bem.

Outro ponto importante é que da lavratura do TAC, em casos de danos de pequeno valor não necessariamente precisa "sair um culpado". A pessoa apontada pelo extravio, dano ou desaparecimento do bem tem o direito de apresentar defesa escrita e demonstrar, com elementos contundentes de prova e argumentos convincentes, de que não teve culpa ou nenhuma intenção determinada para a ocorrência do sinistro. Inclusive, a depender da situação e dos danos vislumbrados no bem, o agente público apontado pode requerer laudo pericial.

Como exemplo da situação acima, pode-se citar o caso em que o agente público, embora tomando todos os cuidados para a guarda e conservação do bem patrimoniado, é surpreendido, em determinado dia, com a ação de meliantes, que invadem a sua residência ou a repartição, onde labora e furtam o bem.

Enfim, o TAC não extingue outras formas de apuração de desaparecimento, dano ou extravio de bem público. Ele é simplesmente uma tentativa de agilizar o processo de investigação ou porque não dizer: simplificá-lo e tentar resolver o impasse sem maiores burocracias e onerosidade, economizando, dessa forma, para os cofres públicos e não expondo tanto a imagem do agente público apontado. Ou melhor dizendo: uma forma amistosa e inteligente para a pacificação e solução do conflito detectado.

Capítulo 3

Peças Prático-Profissionais

Insta esclarecer que os modelos, que abaixo serão apresentados são "modelos" que já são utilizados na esfera disciplinar por autoridades e comissões de inquérito

3.1 Modelo I – ATA DE REUNIÃO

Aos dias.......(....) do mês de ..... deste ano de ......, reuniram-se os membros da comissão de PAD (ou superior e docente, docente e docente, técnico e docente, etc.), os Srs. Fulano de tal, (cargo), inscrito na matrícula do SIAPE sob o n.º ..... (em se tratando de servidor público federal), Beltrano de Tal, (cargo), inscrito na matrícula do SIAPE sob o n.º ..... (em se tratando de servidor público federal) e Ciclano de tal, (cargo), inscrito na matrícula do SIAPE sob o n.º ..... (em se tratando de servidor público federal), para, sob a presidência do primeiro (quando se tratar de um PAD) DELIBERAR acerca das apurações referentes ao processo administrativo n.º .... ou para acordar acerca de ......, o que foi feito nos seguintes termos: (nesta parte consignar o motivo da reunião, o que pode ser feito por tópicos: a)...; b)....;). Nada mais tendo a discutir, tampouco a acrescentar, deu-se a reunião por encerrada, que vai assinada pelo Presidente e demais membros (em se tratando de PAD) ou pelas pessoas e testemunhas presentes.

O modelo acima trata-se de uma "ata deliberativa" muito usada, pelas comissões de inquérito, durante as investigações, podendo, também, ser utilizada (com as devidas adaptações que a situação exigir) em outros momentos, por agentes públicos.

A função das "atas", podendo-se assim dizer, é deixar registrado as decisões e atuações dos agentes públicos no exercício de determinada função pública. Servem como demonstração de que os agentes públicos nomeados para a execução de determinado trabalho, assim estão o realizando de forma fidedigna e em respeito ao preconizado nas normas vigentes.

3.2 Modelo II – TERMO DE CONCILIAÇÃO

TERMO DE CONCILIAÇÃO

Partes presentes:

....

....

***qualificar as partes (nome, endereço, RG, CPF, matrícula do SIAPE, cargo, função, lotação, telefones de contato)

Autoridade homologadora presente: ....

***Segundo reza o §2.º, do art. 1.º, inc. III, da Lei 9.784/99 "autoridade é todo servidor ou agente público dotado de poder de decisão. Assim, a autoridade homologadora deve revestir-se dessa qualidade.

***Aqui, também, a autoridade homologadora deve ser qualificada, tal qual ocorre com as partes conciliantes.

Conciliador:..

***Aqui, também o conciliador presente deve ser qualificado, tal qual ocorre com as partes conciliantes.

I. Sumário dos fatos precedentes

(Descrever de forma sucinta quais as razões de fato, que culminaram para a realização da presente conciliação).

II. Dispositivos Legais infringidos por uma ou ambas as partes:

(Neste item, descrever quais são as supostas irregularidades, de acordo com a legislação pertinente, que foram cometidas pelo agente público (por exemplo: na Lei 8.112/90 estão consignadas no art. 116 e art. 117, incs. I ao VIII e IX).

III. Elementos de prova existentes acerca da prática das irregularidades.

(Descrever neste item quais são os elementos de prova existentes acerca das supostas irregularidades apontadas/denunciadas).

IV – Resultado da Conciliação

Diante dos fatos representados e/ou denunciados OU diante da controvérsia existente e, após diálogo entre as partes presentes, estas restaram conciliadas nos seguintes termos:

(Descrever o que foi acordado. Pode ser feito por tópicos: a)....; b).....;)

E, por estarem em perfeito acordo, assinam o presente termo. Conciliação encerrada.

Conciliador (a):

....

Partes:

....

....

Autoridade Homologadora:

....

Este modelo de "Termo de Conciliação" deixa claro que as partes conciliantes, a autoridade homologadora e o conciliador devem ser qualificadas, em um primeiro momento.

Em seguida, deve-se descrever, de forma sucinta, quais foram os fatos ou as razões, que levaram a deflagração da denúncia ou representação funcional em face do agente público faltoso. Ato contínuo deve-se descrever quais foram as irregularidades por ele praticadas, sempre tendo como referencial a descrição, que se encontra consignada na norma vigente.

Outro ponto de extrema relevância é faze o apontamento dos "elementos de prova" existentes, que amparam as alegações acerca da culpabilidade do agente público.

Por derradeiro, deve-se descrever em quais termos e sob quais condições foi lavrado o "termo de conciliação".

Ao final, as partes presentes assinam o termo, já datado.

Importante ressaltar que o presente "termo de concilia-ção" deve, também, passar pelo crivo e aquiescência da auto-ridade máxima do órgão ou instituição, podendo, inclusive, ser registrado nos assentamentos funcionais dos servidores, que participaram da conciliação, na condição de denuncia-dos e/ou representados.

3.3 Modelo III – TERMO DE MEDIAÇÃO

TERMO DE MEDIAÇÃO

Processo relacionado:

....

1. Identificação dos servidores convocados para a media-ção:

1.º) - ....

2.º) – ....

2. Autoridade Celebrante:

Nome:
Cargo/Função:

....

3. Autoridade competente para homologar o procedimento:

Nome: ....

Cargo/Função: ....

4. Proposta para lavratura do presente termo:

A proposta primeva para a lavratura do presente "termo de mediação" foi aceita pelos servidores convocados para tal procedimento, após conversa individual de cada um com a autoridade aqui celebrante, no âmbito da .... Na oportunidade foi esclarecido a cada servidor convocado que segundo a **Lei 13.140, de 26 de junho de 2015** – *que dispõe acerca da mediação como solução de controvérsias entre particulares e sobre a autocomposição de conflitos no âmbito da administração pública.* Foi lembrado aos servidores convocados que, consoante o referido diploma legal *considera-se mediação a atividade técnica exercida por terceiro imparcial sem poder decisório, que, escolhido ou aceito pelas partes, as auxilia e estimula a identificar ou desenvolver soluções consensuais para a controvérsia.* Ainda foi ressaltado que pode ser objeto de mediação o conflito que verse sobre direitos disponíveis ou indisponíveis, que admitem transação. No caso em comento, após análise acurada dos fatos cientificados à comissão de inquérito, vislumbrou-se tratar de direitos disponíveis entre as partes envolvidas, vez que o conflito, em sua maioria, ocorreu Assim, as partes podem rever os seus atos a ponto de identificar as falhas ocorridas e sendo maiores e capazes para todos os atos da vida civil, têm a liberdade e livre escolha para encontrar, na presente oportunidade, um deslinde amistoso e proveitoso da controvérsia, que culminou com a lavratura do presente termo.

5. Fundamentos de fato e de direito, que levaram a lavratura do presente termo:

Trata-se de "............"

A **Lei 13.140, de 26 de junho de 2015** – *que dispõe acerca da mediação como solução de controvérsias entre particulares e sobre a autocomposição de conflitos no âmbito da administração pública.*

Consoante o referido diploma legal *considera-se mediação a atividade técnica exercida por terceiro imparcial sem poder decisório, que, escolhido ou aceito pelas partes, as auxilia e estimula a identificar ou desenvolver soluções consensuais para a controvérsia.*

Pode ser objeto de mediação o conflito que verse sobre direitos disponíveis ou indisponíveis, que admitem transação.

No âmbito da Administração Pública Federal, tendo em vista os princípios da celeridade e economicidade e, tendo em vista que em várias situações e circunstâncias fáticas, o alcance do interesse público e do espírito da lei podem ocorrer por meio de uma conversa franca com o servidor transgressor da norma.

O próprio ordenamento jurídico brasileiro, por meio do Novo Código de Processo Civil, procura dar maior celeridade ao procedimento civil, focando-se na transição de uma cultura baseada no litígio entre as partes para uma nova cultura que tem por objetivo principal a pacificação social.

A disseminação do pensamento acima vem se estendendo, a cada dia, no seio da Administração Pública. Tanto é certo que, por meio da Instrução Normativa n.º 04, de 21 de fevereiro de 2020, foi disciplinado a celebração do "Termo de Ajustamento de Conduta" – TAC – no âmbito do Poder Executivo Federal. A mencionada norma fundamentou-se, dentre outros regramentos legais, aos princípios da legalidade, finalidade, motivação, razoabilidade, proporcionalidade, moralidade, ampla defesa, contraditório, segurança jurídica, interesse público e eficiência, destacados no caput do art. 2.º, da Lei 9.784/99 e seus incisos VI, VIII e IX, a saber: adequação entre meios e fins, vedada a imposição de obrigações, restrições e sanções em medida superior àquelas estritamente necessárias ao atendimento do interesse público; observância das formalidades essenciais à garantia dos direitos dos administrados e **adoção de formas simples,** suficientes para propiciar adequado grau de certeza, segurança e respeito aos direitos dos administrados.

Por meio do TAC o agente público interessado assume a responsabilidade pela irregularidade a que deu causa e comprometer- se a ajustar sua conduta e a observar os deveres e proibições previstos na legislação vigente.

6. Compromisso Firmado

O compromissário declara ....

O compromissário assume o dever de doravante, em situação similar, agir dentro das cautelas e formalidades exigidas pela norma e pela ética e, em caso de dúvida, buscar a devida orientação.

O compromissário compromete-se, ainda, a (**descrever as obrigações impostas ao servidor a serem cumpridas ao longo do prazo estabelecido e as formas como deve fazê-lo**), mediante apresentação de documentação comprobatória (**se for o caso**).

7. Existência de prejuízo ao erário?

Analisando, meticulosamente, os fatos trazidos à colação desta ...., concluiu-se não ter existido nenhuma espécie de "prejuízo ao erário" causado à instituição e/ou aos cofres públicos, pelos servidores convocados. Reitera-se tratar de controvérsia de natureza interpessoal, o que faz com se enquadre no rol dos chamados "direitos disponíveis", que podem ser objeto de acordo/transação entre as partes envolvidas, dispensando a abertura de Processo Administrativo Disciplinar.

8. Recomendações e prazo para cumprimento do acordo estabelecido.

....

9. Declaração dos servidores convocados sobre atendimento ás vedações.

Os compromissários declaram, ainda:

i) Não ter, nos últimos dois anos, gozado do benefício estabelecido na IN CGU nº 04/2020.

ii) Não possuir registro válido de penalidade disciplinar em seus assentamentos funcionais;

iii) Estar ciente de que, declarado o cumprimento das condições aqui avençadas, não será instaurado procedimento disciplinar pelos mesmos fatos objeto do ajuste, e que o seu descumprimento poderá ser objeto de consideração no exame de novas ocorrências no bojo de processo disciplinar que eventualmente venha a ser instaurado.

iv) Não estar sofrendo quaisquer espécies de coação, ameaça ou violação a direitos e garantias individuais para participar do presente "procedimento de mediação".

v) Aceitar e refletir acerca das recomendações aqui feitas, pela autoridade celebrante, comprometendo-se a não mais reiterar em conduta, que possa prejudicar a imagem de qualquer colega da repartição ou no âmbito da instituição, a exemplo de usar as redes sociais ou outro meio eletrônico ou tradicional para prejudicar deliberadamente a reputação do outro.

vi)   Procurar sempre ser o "melhor profissional para com os colegas de repartição ou instituição" – ainda que não guarde simpatia e/ou laços de amizade mais estreitos em relação a eles, exercendo com zelo e dedicação as atribuições do cargo, dispensado a todos os jurisdicionados e colegas de repartição, o devido respeito e urbanidade.

Este Termo de Mediação vai impresso em 03 (três) vias de igual teor, assinadas pelos servidores convocados presentes na lavratura desse procedimento.

Este termo produz efeitos a partir da sua assinatura ficando a homologação deste a cargo do Magnífico Reitor desta Universidade Federal de Uberlândia.

Data

XXXXXXXXXXXXXXXXXXXXXXX
- Autoridade Celebrante –

XXXXXXXXXXXXXXXXXXXXX
- Servidor que aceitou a mediação -

XXXXXXXXXXXXXXXXXXXXXXXXXX
- Servidor que aceitou a mediação –

XXXXXXXXXXXXXXXXXXXXXXXX
- Mediador -

Que reste claro que o citado "modelo de termo de mediação" é apenas exemplificativo, de onde se extrai que as partes interessadas podem e devem fazer as devidas adaptações ao texto, de acordo com a situação fática, que levou a lavratura do aludido documento.

Conforme se verifica, no próprio "Termo de Mediação", existe a possibilidade de as partes interessadas ou mesmo o mediador tecer recomendações e orientações aos presentes, visando a correta compreensão de seus deveres e proibições e, consequentemente, a melhoria da qualidade do serviço desempenhado.

3.4 Modelo IV - TAC

TERMO DE AJUSTAMENTO DE CONDUTA IN CGU Nº 04/2020	
PROCESSO RELACIONADO	*NUP nº* *(Caso os fatos denunciados/apurados não estejam no mesmo processo em que será celebrado o TAC)*
1 - IDENTIFICAÇÃO DO SERVIDOR COMPROMISSÁRIO	
NOME:	
SIAPE:	UNIDADE DE EXERCÍCIO:
TELEFONE:	E-MAIL:
2 - AUTORIDADE CELEBRANTE	
NOME:	
CARGO:	

3 - AUTORIDADE HOMOLOGADORA	
NOME:	
CARGO:	

4 - PROPOSTA DE TAC			
OFÍCIO		A PEDIDO	

5 - FUNDAMENTOS DE FATO E DIREITO

Sugestão de texto:

Considerando o baixo potencial ofensivo das irregularidades objeto do presente processo, uma vez que... (descrever as irregularidades).

Considerando não haver indícios de crime contra a Administração Pública ou improbidade administrativa; de circunstância prevista no art. 128 da Lei nº 8.112, de 1990, que justifique a majoração da penalidade de advertência ou similar; e de conduta infracional que tenha acarretado prejuízo ao erário superior a 8 mil reais.

Considerando que o Termo de Ajustamento de Conduta tem por objetivo garantir a eficiência e racionalidade indispensáveis na atuação das corregedorias em toda a Administração Federal, e em obediência aos princípios da eficiência, da economicidade e do interesse público por meio da racionalização dos procedimentos administrativos.

A autoridade instauradora firma o presente compromisso, por meio do qual o servidor interessado assume a responsabilidade pela irregularidade a que deu causa e compromete-se a ajustar sua conduta e a observar os deveres e proibições previstos na legislação vigente.

6 - DISPOSITIVO LEGAL VIOLADO

Mencionar o dispositivo legal (artigo e inciso - arts. 116 e/ou 117 da Lei nº 8.112/90)	**Outras observações:** *Mencionar mais detalhes sobre a irregularidade cometida, caso necessário.*

7 - DECLARAÇÃO DE ASSUNÇÃO DE RESPONSABILIDADE

Sugestão de texto:

O compromissário assume a responsabilidade pela irregularidade a que deu causa, descrita no item 5, e compromete-se a ajustar sua conduta e a observar os deveres e proibições previstos na legislação vigente, nos termos do presente Termo de Ajustamento de Conduta.

8 - COMPROMISSO

Sugestão de texto:

O compromissário declara reconhecer a inadequação da sua conduta e compromete-se a observar e a cumprir o elenco de deveres e proibições a que está sujeito enquanto servidor público, notadamente os previstos na Lei nº 8.112/90, bem como no Código de Ética Profissional do Servidor Público Civil do Poder Executivo Federal (Decreto nº 1.171/94) e no Código de Conduta Profissional do Servidor da CGU.

O compromissário assume o dever de doravante, em situação similar, agir dentro das cautelas e formalidades exigidas pela disciplina e pela ética e, em caso de dúvida, buscar a devida orientação.

*O compromissário compromete-se, ainda, a (**descrever as obrigações impostas ao servidor a serem cumpridas ao longo do prazo estabelecido e as formas como deve fazê-lo**), mediante apresentação de documentação comprobatória (**se for o caso**).*

9 - EXISTÊNCIA DE PREJUÍZO AO ERÁRIO

SIM			NÃO		
VALOR DO RESSARCIMENTO:					

10 - PRAZO DE CUMPRIMENTO

Colocar o prazo, limitado a 2 anos.

11 - FORMA DE FISCALIZAÇÃO DAS OBRIGAÇÕES

*Será realizada pela chefia imediata do servidor, ora exercida pelo Sr. .... [**nome, cargo, matrícula e lotação do chefe imediato do servidor**], a quem será encaminhada cópia deste Termo... (ajustar conforme o caso concreto).*

12 - DECLARAÇÃO SOBRE ATENDIMENTO ÀS VEDAÇÕES

O compromissário declara, ainda:

    i)   Não ter, nos últimos dois anos, gozado do benefício estabelecido na IN CGU nº 4/2020;

ii)	Não possuir registro válido de penalidade disciplinar em seus assentamentos funcionais;
iii)	Estar ciente que, declarado o cumprimento do TAC, não será instaurado procedimento disciplinar pelos mesmos fatos objeto do ajuste, e que o seu descumprimento poderá ser objeto de consideração no exame de novas ocorrências no bojo de processo disciplinar que eventualmente venha a ser instaurado.

LOCAL E DATA
......, ..., _______ de _______________ de 20____.
ASSINATURA DO COMPROMISSÁRIO
ASSINATURA DA AUTORIDADE CELEBRANTE

O documento acima referenciado trata-se de "modelo elaborado pela Controladoria Geral da União" quando ainda se tinha a regulamentação do TAC pela IN n.º 02/2017.

Hoje, o TAC é regulamentado por meio da Instrução Normativa n.º 4, de 21 de fevereiro de 2020.

Pela completude do modelo, que traz, exatamente, o que é necessário para a lavratura de um TAC e por observar criteriosamente as disposições contidas na norma vigente, optou-se, no presente trabalho, pela apresentação dele ao leitor, que deverá, tão somente, proceder às devidas adaptações do texto ali consignado, de acordo com a situação fática experienciada.

Considerações finais

Diante de toda a discussão travada na presente obra é algo incontroverso que o "Processo Administrativo Disciplinar", ao contrário do "processo judicial", apresenta várias especificidades, que devem, obrigatoriamente, ser observadas sob pena de nulidade do feito.

Outro ponto que merece destaque é que o PAD, além de ser um procedimento que nem sempre ocorre de forma amistosa, ainda onera os cofres públicos. Daí, a importância desta obra quando apresenta aos leitores "meios de composição e solução alternativos de conflitos", a exemplo da conciliação, mediação e do TAC.

Destaca-se que o TAC (termo de ajustamento de conduta) é uma ferramenta já bastante utilizada por aqueles considerados legitimados, por lei, para propor a "Ação Civil Pública" (BRASIL, 1985), como o Ministério Público, a Defensoria Pública, a União, os Estados, o Distrito Federal, os Municípios, etc.

O Termo de Ajustamento de Conduta (TAC), como já conhecido, é um acordo celebrado entre as partes interessadas com o objetivo de proteger direitos de caráter transindividual. Trata-se de um título executivo extrajudicial, que contém, pelo menos, uma obrigação de fazer e de não fazer e a correspondente cominação para o caso de seu descumprimento.

Trazer o TAC para aplicação na esfera administrativa foi um grande passo dado, podendo-se assim dizer, por parte de nossa insigne Controladoria Geral da União, já que existem situações na Administração Pública, que podem, perfeitamente, ser resolvidas por meio da lavratura de um TAC, que além de ser um procedimento mais célere, também é capaz de fazer com que o interesse público e o espírito da lei sejam alcançados no âmbito do serviço público.

Igualmente, os institutos da mediação e da conciliação, ao lado do TAC, evitam que demandas administrativas sejam judicializadas, tendo em vista que existe uma tendência atual de agentes públicos judicializarem suas pretensões sem que exista uma decisão administrativa anterior.

Outrossim, a obra pretendeu trazer à baila a "teoria e prática do PAD", nem sempre tão clara e entendida por agentes públicos e, quiçá, pela sociedade, o que procurou ser feito de uma forma simples e inteligível, de modo que o leitor não viesse a encontrar dificuldades de interpretação e de entendimento da matéria discutida.

Por derradeiro, pretenderam os autores fazer com que o estudo aqui desenvolvido possa servir, inclusive, de manual e consulta para comissões disciplinares, gestores e agentes públicos, atuantes em todo o território nacional. E o melhor: demonstrar que, ao contrário do PAD, existem meios mais simples, céleres e eficazes para dirimir e compor conflitos no seio da Administração Pública.

Referências

BRAGA, Renato; CARVALHO, Janaína. Lei 8.112/90 (esquematizada) – Comentários ao Estatuto dos Servidores Públicos Civis da União – 3.ª ed. Rev. e Ampl. Rio de Janeiro: Ed. Ferreira, 2009.

CHIAVENATO, Idalberto. Administração Geral e Pública. 2. ed. Rio de Janeiro: Elsevier, 2008.

COSTA, José Armando. Direito Administrativo Disciplinar. 2.ª ed. Revista, Ampliada e Atualizada. Editora: Método, 2009.

LEDERACH, John Paul. Transformação de Conflitos / Howard Zehr; Tradução de Tônia Van Acker. São Paulo: Palas Athena, 2012.

MATTOS, Mauro Roberto Gomes de. Tratado de direito administrativo disciplinar. 2.ª ed. Rio de Janeiro: Forense, 2010.

MORAES, Alexandre de. Direito Constitucional Administrativo. 2.ª ed. São Paulo: Atlas, 2005.

OSÓRIO, Fábio Medida. Direito Administrativo Sancionador. 5.ª ed. São Paulo: Revista dos Tribunais, 2015, p. 210-216.

BRASIL. Lei 8.069, de 13 de junho de 1990.

BRASIL. Lei 13.140, de 26 de junho de 2015. Dispõe sobre a mediação entre particulares como meio de solução de controvérsias e sobre a autocomposição de conflitos no âmbito da administração pública; altera a Lei nº 9.469, de 10 de julho de 1997, e o

Decreto nº 70.235, de 6 de março de 1972; e revoga o § 2º do art. 6º da Lei nº 9.469, de 10 de julho de 1997.

BRASIL. Lei 7.347, de 24 de julho de 1985.

BRASIL. Lei 13.105, de 16 de março de 2015.

BRASIL. Lei 8.078, de 11 de setembro de 1990.

BRASIL. Constituição da República Federativa do Brasil de 1988.

DISTRITO FEDERAL. Instrução Normativa n.º 02, de 30 de maio de 2017. Disciplina a celebração do Termo de Ajustamento de Conduta – TAC, no âmbito do Poder Executivo Federal. Ministério da Transparência, Fiscalização e Controladoria-Geral da União.

DISTRITO FEDERAL. Instrução Normativa CGU n.º 04, de 17 de fevereiro de 2009. Em caso de extravio ou dano a bem público, que implicar em prejuízo de pequeno valor, poderá a apuração do fato ser realizada por intermédio de Termo Circunstanciado Administrativo (TCA).

KINICKI, A.; KREITNER, R. Comportamento Organizacional. McGraw Hill Editores, 2006.

MEDEIROS, João Bosco; TOMASI, Carolina. Comunicação Empresarial. 4.ª ed. Ed. Atlas, 2014.

www.ingramcontent.com/pod-product-compliance
Lightning Source LLC
LaVergne TN
LVHW051304200726
843510LV00010B/1282